( œuvres en ouverture )

E. MAISONABE

AVOCAT

18

AF456943

# La Doctrine Socialiste

PARIS

LIBRAIRIE CH. POUSSIELGUE

RUE CASSETTE, 15

1900

# *La Doctrine Socialiste*

8°R
16682

PROPRIÉTÉ DE :

E. MAISONABE

AVOCAT

DÉPÔT LÉG.
N° 1035
1900

# a Doctrine Socialiste

BIBLIOTHÈQUE NATIONALE
R.F.

« Il ne faut s'épouvanter de rien,
mais il faut prendre tout au sérieux. »
THIERS.

PARIS

LIBRAIRIE CH. POUSSIELGUE

RUE CASSETTE, 15

1900

Droits de reproduction et de traduction réservés.

# INTRODUCTION

Tout le monde aujourd'hui parle, disserte, discute sur le socialisme, et bien peu nombreux cependant sont les gens capables d'en donner une définition exacte ou d'en indiquer les tendances essentielles.

Ce mot est la plupart du temps confondu avec celui de révolution sociale, et c'en est assez pour faire immédiatement fuir les uns et accourir les autres.

Même les électeurs qui envoient régulièrement siéger au Palais-Bourbon des représentants socialistes ignorent généralement le sens et la portée du programme économique auquel ils adhèrent, et votent plutôt pour une étiquette que pour une doctrine.

Obligés de travailler du matin au soir pour gagner péniblement leur vie, étant, à cette seule condition, à peu près assurés du présent, sans être presque jamais garantis contre les risques du lendemain, ils offrent une proie facile aux prédicateurs collectivistes ; et si tous ne vont pas jusqu'à croire à la possibilité d'un paradis terrestre, tout au moins sont-ils volontiers disposés à entrevoir, dans la réalisation d'une société nouvelle, un soulagement, une amélioration, un relèvement de leur pauvre condition.

L'âpre nécessité de la lutte pour la vie les place dans des conditions telles qu'ils n'ont ni le temps d'approfondir eux-mêmes les arguments ou les apparences d'arguments qui leur sont jetés en pâture par les meneurs révolutionnaires, ni la possibilité de juger impartialement les choses.

Au lieu de les blâmer, ne vaut-il pas mieux les plaindre ?

Et plutôt les instruire que les traiter en ennemis ?

Les instruire, c'est-à-dire leur faire sentir l'injustice, l'impossibilité, l'inanité de ce système de transformation sociale dont on leur parle si souvent sans jamais le leur faire sérieusement connaître.

Car il semble que le mot d'ordre des socialistes soit de laisser systématiquement les foules dans l'ignorance de ce qu'est, au vrai, le socialisme. Et je crois bien qu'à eux surtout devrait être appliqué le reproche que Jaurès adressait un jour à ses adversaires de la Chambre des députés, de leurrer leurs amis avec des viandes peintes, à l'instar d'Héliogabale.

Non seulement ils évitent d'exposer eux-mêmes au gros public le fond de leur système, mais ils veillent soigneusement à ce que personne ne l'expose à leur place.

Si, dans une réunion publique, un orateur demande la parole pour exiger d'eux autre chose que de vaines déclarations ou de fantastiques promesses, ils s'arrangent à peu près toujours pour l'empêcher de parler.

Ils poussent même leur tactique d'obstruction plus loin, et ils n'hésitent pas à organiser du tapage dans les réunions dont leurs adversaires politiques ou économiques font les frais.

C'est ainsi que, régulièrement, ils ont été couvrir de leurs clameurs, de leurs vociférations — et l'on peut ajouter, plus exactement, de leurs cris d'animaux — la voix des éminents économistes qui, pendant quelque temps, donnaient, chaque vendredi, à l'hôtel des Sociétés savantes, de brillantes conférences sur des sujets sociaux.

Loin de désavouer leurs émissaires, les gros bonnets du parti socialiste ont, au contraire, en cette circonstance, affirmé très haut que l'obstruction était systématiquement organisée par eux.

La *Revue socialiste*, qui passe pour un des organes les plus modérés et les plus parlementaires de ce parti, en faisait bruyamment l'aveu, dans un article intitulé *Le mouvement socialiste au quartier Latin* et paru dans le numéro d'octobre 1897 sous la signature d'Albert Livet.

« Ce sont eux, — y est-il dit à propos des étudiants socialistes, — qui ont fait échouer, par le ridicule et l'impuissance l'effort tout récent des prétendus libéraux de la *Réforme sociale* pour catéchiser la jeunesse et la ramener aux bons principes. Un certain nombre de membres de l'Institut, de professeurs d'économie politique ou de morale, de collaborateurs de la *Revue des Deux Mondes*, de présidents ou de secrétaires d'administration de grandes compagnies crurent opportun de tenter un apostolat pour la défense des sacro-principes : propriété, famille, etc. Le comité Gigot-Leroy-Picot, comme on le désignait au quartier, fit une série de grandes conférences aux *Sociétés savantes*, avec le concours des Cheysson, Ollé-Laprune, Desjardins, Alix, Mabilleau, etc., toute la lyre. Les promoteurs prirent une attitude de combat à l'égard des socialistes, prétendue franche, en vérité insolente, et parurent jeter un défi qui fut relevé. Chaque vendredi, le conférencier rencontra la même opposition irréductible, reçut de vives interpellations, fut interrompu par d'ardentes protestations, vit ses plus beaux effets soulignés par de bruyants éclats de rire. Telles affirmations, telles prétentions orgueilleuses, telles objections trop simples ou trop artificieuses soulevèrent des tempêtes. »

Voilà un langage qui est clair.

Mais que dire d'une secte économique ou d'un parti politique qui reconnaît ainsi, avec une désinvolture véritablement cynique, ne reposer que sur l'équivoque et redouter par-dessus tout la lumière !

Et quelle conclusion tirer de tout cela, si ce n'est précisément qu'il importe de divulguer le socialisme.

Le livre que je présente aujourd'hui au public répond à ce besoin de l'heure présente.

Il s'adresse surtout à ceux qui, désirant connaître la doctrine socialiste, n'ont pas les loisirs ou les commodités nécessaires pour la rechercher et l'étudier à fond dans les textes de ses auteurs.

J'ai tâché de l'y exposer aussi fidèlement que possible et de la réfuter par des arguments tirés le plus souvent des écrits mêmes des socialistes.

Les citations qu'il contient pourront paraître un peu nombreuses. Mais j'ai pensé que la meilleure manière de faire connaître une doctrine était encore de rapporter textuellement la pensée de ses principaux propagateurs ; et que dans une matière qui a donné lieu à tant de déclamations, le lecteur préférerait un ouvrage documenté à des appréciations personnelles plus ou moins fantaisistes.

Dans tous les cas, j'espère éviter ainsi le reproche de mauvaise foi que, dans nos polémiques contemporaines, on ne manque généralement pas d'adresser à tout contradicteur.

E. Maisonabe.

31 Décembre 1899.

# PREMIÈRE PARTIE

## NOTIONS GÉNÉRALES ET BASE SCIENTIFIQUE

# CHAPITRE PREMIER

## SOCIALISME ET COLLECTIVISME

Ce qu'était le socialisme il y a cinquante ans. — Ce qu'il est aujourd'hui. — L'idée. — Le système. — Adhésion de tous les socialistes au programme collectiviste. — Socialisme et collectivisme sont maintenant synonymes.

Proudhon, poursuivi après les journées de juin 1848, donnait à ses juges la définition suivante du socialisme :

« Le socialisme, c'est toute aspiration vers l'amélioration de la société. »

Cette conception vague et indéterminée d'un système qui prétend contenir le germe de toute une réorganisation sociale fut aussi — au moins un jour — celle d'Émile de Girardin qui écrivait : « Le socialisme, c'est la civilisation. »

A l'heure actuelle, bien des gens s'en tiennent encore à ces définitions qui ne définissent rien. Volontiers, ils s'imaginent qu'aimer le peuple, que proposer des réformes démocratiques, c'est faire acte de socialisme. Dans ce mouvement d'idées et de revendications auquel on a donné le nom de socialisme, ils ne voient pas autre chose qu'une tendance vers l'égalité idéale, une soif de bonheur, une aspiration vers cet avenir dont parlait Musset « où il n'y aura pas un épi plus haut que l'autre dans la moisson humaine d'hommes libres ».

A vrai dire, ils ont un peu leur excuse.

Le socialisme « qui est de tous les temps[1] » n'a pas toujours eu le caractère qu'il a aujourd'hui. Au milieu du siècle — c'est-à-dire au moment où le nom et la chose commencèrent d'apparaître autrement que par des manifestations isolées d'individus[2] — il revêtait des apparences de sentimentalité et de mysticisme qui pouvaient lui gagner quelques sympathies dans la foule, mais il n'était encore rien de précis, et Considérant pouvait dire de lui : « Le socialisme est dans l'opinion, dans l'air, dans le peuple... le socialisme n'est pas une doctrine déterminée. »

Aujourd'hui, on ne peut plus parler ainsi. Le socialisme a accompli son évolution et il est une doctrine. Après avoir eu ses grands prêtres, Saint-Simon, Fourier, Cabet, Enfantin, il a eu ses soldats, Proudhon, Lassalle, Karl Marx, Schäffle, Bakounine, qui ont cherché à détruire les fondements de la société capitaliste, et il a maintenant ses professeurs, Lafargue, Jules Guesde, Deville, Jaurès, Renard, Rouanet et bien d'autres. Après avoir successivement traversé une période sentimentale et une période destructive, il est — ainsi que le faisait remarquer Benoît Malon[3] — définitivement entré

1. De Sacy.

2. « Le socialisme a fait son entrée dans le monde officiel en 1848. » Jules Simon.

3. Lettre de Malon à Jourde (juillet 1875). V., *Revue socialiste* du mois de septembre 1896, page 287.

Schäffle écrivait aussi : « Les vieux plans de réorganisation

dans la période scientifique ou expérimentale.

Quiconque cherche à analyser le socialisme moderne y distingue nettement une idée et un système.

L'idée, c'est que la société doit dominer de plus en plus l'individu.

Aux libéraux qui n'admettent l'intervention de l'État — et nous nommons ici l'État, parce que l'État est la forme normale d'une société constituée — que lorsque cette intervention est nécessaire et ne peut être remplacée par l'initiative individuelle isolée ou par l'initiative des associations libres, les socialistes opposent une tendance illimitée à admettre cette intervention toutes les fois qu'il est vraisemblable d'en espérer quelque profit pour la masse. A leurs yeux, l'État a une existence réelle, indépendante de celle des individus qui se groupent autour de lui : il a non seulement des devoirs à remplir, mais des droits à revendiquer, une marche à suivre, une évolution à accomplir ; et à cette évolution les individus doivent, sans hésitation, être sacrifiés [1].

---

fantastique de Charles Fourier et autres novateurs, bien que contenant dans leurs exposés toutes les idées fondamentales du socialisme contemporain, ne constituent plus néanmoins le programme de ce dernier. Le collectivisme agitateur de notre époque est sans doute beaucoup plus raisonnable. » *Quintessence du socialisme*, traduction de B. Malon, page 15.

1. « J'entends par socialisme un groupe de doctrines et de sectes qui concluaient passionnément à charger l'État du bonheur public. » DUPONT-WHITE.

— « Le communisme est à l'État ce que le panthéisme est à la religion et à la philosophie. En effet, dans l'un et dans l'autre système, le conditionnel est absorbé par le contingent, l'être individuel par l'être universel, la raison particulière par la raison générale et le citoyen par l'État. » Francis LACOMBE. *Études sur les socialistes.*

Cette idée socialiste dont nous parlons ici est généralement désignée sous le nom de socialisme d'État ou de socialisme de la

De cette idée s'est peu à peu dégagé un système scientifique qui en est le produit direct, le terme logique, et qui résume aujourd'hui les véritables revendications du parti socialiste.

C'est le système collectiviste.

Il consiste, selon l'expression d'Albert Schäffle, dans « *la transformation des capitaux privés de la concurrence en un capital social unitaire* [1] ».

Ce que les collectivistes réclament, c'est donc la mise en commun ou en collectivité de tous les moyens de production, avec — pour corollaire inévitable — l'organisation publique du travail et la répartition, entre les individus, des revenus sociaux.

Nous verrons un peu plus loin comment et grâce à l'influence de qui le collectivisme s'est peu à peu développé, a pris corps et s'est fait une place officielle dans le domaine scientifique. Pour l'instant, nous voulons simplement établir qu'il a peu à peu réussi à grouper autour de lui le parti socialiste tout entier.

Déjà, depuis 1863, les Congrès tenus en Allemagne, avaient indiqué une tendance très marquée. Au Congrès de Gotha, en 1875, les deux écoles, de Lassale, d'une part, et de Bebel et Liebknecht, d'autre part, arrêtèrent un programme dont la première partie consiste en une déclaration de foi collectiviste :

« C'est à la société, y est-il dit, c'est-à-dire à tous

---

chaire. Mais le socialisme d'État n'est pas une doctrine, car on ne sait pas où il commence et où il finit : il est simplement une tendance.

1. *La Quintessence du socialisme*, trad. de Malon, 2e édit. Derveaux, 1881, page 29.

ses membres que doit appartenir le produit général du travail, avec obligation pour tous de travailler et avec un droit égal pour chacun de recueillir du fruit de ce travail commun la part nécessaire à la satisfaction de ses besoins raisonnables...

L'affranchissement du travail exige la transmission des instruments du travail à la société tout entière et le règlement collectif de l'ensemble du travail, avec l'emploi du produit du travail conforme à l'utilité générale et selon une juste répartition [1]. »

Le Congrès de Marseille (octobre 1879), celui de la Fédération du centre de Paris (juillet 1880), celui du Havre (novembre 1880), celui de la Fédération du Nord à Roubaix (octobre 1881), celui de Reims (novembre 1881), celui de Roanne (septembre 1882), votèrent des programmes analogues.

Jules Guesde et Paul Lafargue ont reproduit les mêmes déclarations, en 1883, dans une brochure intitulée : *Le programme du parti ouvrier et ses considérants.*

« La classe productive, sans distinction de sexe ni de race, ne sera libre, c'est-à-dire maitresse d'elle-même et de tout ce qui existe et est né de ses œuvres, que lorsqu'elle aura détruit l'appropriation individuelle des moyens de production et lui aura *substitué l'appropriation collective et sociale* [2]. »

---

1. La deuxième partie de ce programme concerne l'organisation des forces socialistes ; la troisième partie contient l'énoncé des reformes provisoires à préconiser.

2 Cette citation apportée à la tribune de la Chambre par M Meline, le 13 novembre 1897, a soulevé des protestations de la part des socialistes.

« *M. Jules Guesde.* — Pas dans ces termes-là. Je suis obligé malgré moi, Monsieur le président du Conseil, de vous opposer une formelle dénégation. (*Bruit au centre.*)

*M. René Chauvin.* — C'est un exemplaire qu'on a dû faire

Le Congrès d'Erfurt, au mois d'octobre 1891, est encore plus énergique et plus explicite :

« *Il n'y a que* la transformation de la propriété privée capitaliste des moyens de production — sol, mines, matières premières, outils, machines, moyens de transport — en propriété collective et la transformation de la production des marchandises en production effectuée pour et par la société, qui puisse faire que la grande industrie et la capacité croissante des rapports du travail collectif, au lieu d'être pour les classes jusqu'ici exploitées une source de misère et d'oppression, devienne une source de plus grand bien-être et d'un perfectionnement harmonique et universel. »

Celui de Bruxelles, tenu en juillet 1894, n'est pas moins net :

« La richesse et les moyens de production sont le patrimoine commun de l'humanité et *doivent entrer dans la collectivité.*

Il est donc nécessaire, pour atteindre cet idéal et arriver en même temps à l'affranchissement complet des travailleurs de poursuivre la suppression des classes et la transformation de la société actuelle dans le sens de l'*appropriation collective des agents naturels et des instruments du travail.* Ce but doit être poursuivi *par tous les moyens.* »

Enfin, les incidents soulevés à l'occasion du banquet des municipalités socialistes organisé à Saint-Mandé, en 1896, ont amené les chefs du parti à des explications qui montrent bien que, dans leur pen-

---

pour les besoins de la cause. Nous tenons le vrai à votre disposition. » (*Journal officiel* du 14 novembre 1897. — Chambre des députés, p. 2421.)

On croirait, en lisant d'aussi formels démentis que la citation lue par M. Méline était inexacte. Il n'en est rien. Nous l'avons rapprochée du texte même du *Programme du parti ouvrier*, imprimé à Lille, 21, rue de Béthune, page 17, et nous l'avons trouvée conforme à ce texte.

sée, la définition du socialisme se confond avec celle du collectivisme.

A ce banquet, Millerand prononça un discours-programme dans lequel il donnait très nettement pour but au parti socialiste la poursuite de la transformation de la propriété individuelle ou capitaliste en propriété sociale :

« *N'est pas socialiste, à mon avis, quiconque n'accepte pas la substitution nécessaire et progressive de la propriété sociale à la propriété capitaliste.* »

A la suite de ce discours, Mirman écrivit à Millerand qu'il n'entendait pas être confondu avec les collectivistes. Une nouvelle réunion fut organisée entre députés socialistes. Elle eut lieu au Palais-Bourbon, le 3 juin, et, par 26 voix contre 10 abstentions, on adopta un ordre du jour d'après lequel il faut :

« Abolir le régime capitaliste lui-même et mettre un frein à l'exploitation de l'homme par l'homme au moyen de la conquête du pouvoir politique par le prolétariat, de la *substitution de la propriété sociale à la propriété capitaliste* et de l'entente internationale des travailleurs [1]. »

Depuis, l'idée de socialisation des moyens de production a fait encore du chemin. Elle a rallié tous es suffrages dans le parti socialiste, et Vaillant a pu crire : « Il n'y a que des nuances qui, théoriqueent, séparent les socialistes. Le socialisme moderne

1. Les 26 députés qui ont voté cet ordre du jour sont : Baudin, oyer, Calvinhac, Carnaud, Thierry-Cazes, Chauvière, Chauvin, outant, Couturier, Franconie, Gérault-Richard, Paschal Grouset, Jules Guesde, Clovis Hugues, Jaurès, Jourde, Millerand, 'rudent-Dervillers, Rouanet, Sautumier, Sembat, Vaillant, Pierre aux, Viviani, Walter.

est, quant aux idées, le même partout et dans tous les pays [1]. »

Ce ne sont pas seulement, en effet, les groupes avancés du parti, allemanistes et guesdites, qui ont donné leur adhésion à la formule collectiviste, mais aussi les parlementaires comme Jaurès, et les idéalistes comme la plupart des écrivains de la *Revue socialiste.*

Le 3 juillet 1897, Jaurès faisait à la Chambre la déclaration suivante :

« Il y a aujourd'hui dans le monde — je dis à dessein dans le monde — un parti socialiste, une idée socialiste... *Il y a une conception commune à laquelle ont abouti les socialistes de toutes les écoles et de tous les pays, c'est qu'il n'y a qu'un moyen de libérer le prolétariat :* c'est partout où il y a divorce, où il y a séparation de la propriété et du travail, de *remplacer ce qu'on appelle le capital, c'est-à-dire la propriété privée des moyens de production, par la propriété sociale commune ou collective des moyens de production* [2]. »

Quant aux indépendants de la *Revue socialiste*, ils n'ont pas manqué de reproduire le discours de Millerand à Saint-Mandé, d'en approuver le programme et de déclarer qu'ils préconisaient un socialisme « décentralisateur et libertaire en politique, mais *collectiviste* en matière économique ».

Il y a, sans doute, entre les diverses écoles socialistes quelques divergences sur le point de savoir si cette transformation sociale de la propriété des moyens de production doit être immédiate, radicale, ou bien si elle doit être progressive, en ce sens,

---

1. Lettre adressée par Vaillant à Léon de Seilhac (V. *Le Monde socialiste*, par L. de Seilhac, 1896, p. 59).

2. *Journal officiel* du 4 juillet 1897. — Chambre des députés, p. 1807.

par exemple, qu'après avoir donné les chemins de fer à l'État, on lui donnera successivement, et sans brusquer trop violemment les lois de l'évolution économique, les mines, puis les usines, puis le sol, puis tous les instruments de travail.

Mais les unes et les autres sont d'accord pour reconnaître que cette transformation est nécessaire et que les socialistes ne doivent avoir ni trêve ni repos tant qu'elle ne sera pas accomplie.

Sans doute aussi, à cette revendication qui leur sert de terrain d'union, mais qui est du domaine purement économique, les socialistes joignent des revendications d'ordre religieux et moral. C'est au moins la prétention de la plupart d'entre eux.

« Le socialisme, disait Millerand, n'entend pas seulement changer l'état économique : il prétend transformer en même temps et par une conséquence naturelle, inévitable, la situation morale de l'humanité. »

Bebel précisait davantage lorsqu'il s'écriait au Reichstag allemand :

« L'athéisme, la république, l'abolition de la propriété et de la famille, voilà notre but [1]. »

En ce sens, Jules Simon avait raison de définir un socialiste « l'ennemi de la religion, de la famille et de la propriété [2] ».

1. Bebel disait encore : « Sur le terrain politique, nous poursuivons le régime républicain; sur le terrain économique, le socialisme; sur le terrain religieux, l'athéisme. » Séance du 31 décembre 1881.

2. Relativement à la religion, le principal organe du socialisme en Allemagne, le *Vollsstaat*, faisait la déclaration suivante : « Nous nous efforçons d'être très impies. Personne n'est digne du nom de socialiste, si ce n'est ceux qui sont athées et qui dépensent leurs efforts à propager l'athéisme. »

Relativement à la famille, voir dans la *Revue socialiste*, du

Mais il n'en est pas moins vrai que ce qui caractérise essentiellement un socialiste, à l'heure présente, ce n'est pas de travailler à la ruine de la religion et de la famille, puisqu'il a cela de commun avec des gens qui ne sont pas socialistes, mais c'est de poursuivre obstinément la transformation de la propriété privée en propriété sociale; en d'autres termes, c'est d'être collectiviste [1].

Donc, socialisme et collectivisme, voilà deux mots qui, scientifiquement parlant, sont aujourd'hui synonymes l'un de l'autre.

---

15 novembre 1897, un article de Georges Renard, intitulé « Le régime socialiste ». L'auteur y préconise l'union libre (p. 516). Voir aussi dans l'*Almanach de la question sociale pour* 1894 un article de Mme Potonié-Pierre, intitulé « l'Union libre ».

1. « Il est hors de doute qu'il s'agit ici d'une question économique; c'est avant tout une question d'estomac. » SCHÄFFLE, *La Quintessence du socialisme*, trad. de Malon, p. 7.

# CHAPITRE II

## COLLECTIVISME ET COMMUNISME

Les différents sens du mot communisme dans le passé. — Les socialistes modernes reconnaissent qu'il n'y a, entre le communisme et le collectivisme, qu'une différence de mots.

La même confusion peut-elle être établie entre les mots collectivisme et communisme?

Le mot communisme s'est successivement appliqué à des rêves philosophiques, à des essais politiques ou à des systèmes sociaux ayant chacun leur caractère propre [1]. C'est ainsi qu'on a vu du communisme dans l'organisation sociale du temps des patriarches; dans les réformes tentées à Lacédémone par Lycurgue et en Crète par Minos; dans les règlements de certaines communautés ascétiques ou agraires; dans la doctrine de quelques pères de l'Église; dans les prédications enflammées de Munzer [2], de Stork et de Jean de Leyde; dans les

1. Voir SUDRE, *Histoire du communisme.* — PAUL JANET, *Les Origines du socialisme contemporain.* — AMÉDÉE LE FAURE, *Le Socialisme pendant la Révolution française.*

2. « La terre est un héritage commun où nous avons une part qu'on nous ravit. Quand donc avons-nous cédé notre portion de l'hérédité paternelle? Qu'on nous montre le contrat que nous en avons passé! Rendez-nous, riches du siècle, avares usurpa-

ouvrages de Fénelon, de Mably, de Rousseau, de Morelly [1], de Brissot de Warville; dans la conspiration de Babeuf [2].

Aujourd'hui, le mot semble avoir pris un sens précis et se rapprocher du mot collectivisme, disent les uns, se confondre avec lui, affirment tous les autres.

Paul Lafargue et Justin Alavail ont soutenu qu'il y a, entre les deux, une différence de degré. Voici ce qu'écrivait, à ce sujet, Justin Alavail dans la *Revue socialiste* :

« Le communisme, c'est la communauté de tous les biens, proposée pour idéal des sociétés futures; c'est la mise en commun de tous les moyens de production et de tous les produits à répartir selon les besoins de chacun, par la méthode simpliste de « la prise au tas », malgré la complication d'une administration scientifique des choses de plus en plus compliquée.

---

teurs, les biens que vous nous retenez dans l'injustice! Ce n'est pas seulement comme homme que nous avons droit à une égale distribution des avantages de la fortune : c'est aussi comme chrétiens. » MUNZER.

1. « Rien, dans la société, n'appartiendra en propriété à personne. Chaque citoyen sera sustenté, entretenu et occupé aux dépens du public. Toutes les productions seront amassées dans des magasins publics pour y être distribuées à tous les citoyens et servir aux besoins de leur vie. A cinq ans, tous les enfants seront enlevés à la famille et élevés aux frais de l'État. » MORELLY, *Le Code de la nature.*

2. Gracchus Babeuf fit répandre dans Paris, en 1796, un placard contenant les déclarations suivantes :

« Les travaux et les jouissances doivent être communs. Nul n'a pu, sans crime, s'approprier exclusivement les biens de la terre et de l'industrie. »

Son complice dans la conjuration, Buonarotti, a exposé les idées de Babeuf dans un livre intitulé: *Conspiration pour l'égalité dite de Babeuf*, 1820.

Jules Guesde, à la séance de la Chambre du 15 juin 1896, et Jaurès, à la séance du 3 juillet 1897, ont reconnu Babeuf pour un de leurs ancêtres politiques.

Le collectivisme n'est que la reprise *graduelle* de tous les instruments de travail nécessaires à la production et à la distribution des richesses sociales, au fur et à mesure que les instruments de travail cessent d'être la propriété du travailleur et deviennent la cause de leur domination par les capitalistes [1]. »

Outre que les deux définitions données par Alavail ne sont guère différentes l'une de l'autre, et que celle qu'il donne du communisme se trouve être précisément celle que tout le monde donne du collectivisme, il nous semble que la distinction doit être écartée en présence de la quasi-unanimité des socialistes à la repousser.

Dans une conférence faite à l'hôtel des Sociétés savantes, sur l'évolution des formes socialistes, Fournière disait :

« La différence entre les collectivistes et les communistes est, lorsqu'on y regarde de près, *plutôt une différence de mots* qu'une différence de théorie [2]. »

Le lendemain Jaurès approuvait hautement cette assimilation dans la *Petite République*, et, de son côté, le *Parti socialiste*, par la plume d'un de ses rédacteurs, déclarait y adhérer.

Gabriel Deville exprimait la même opinion dans son *Aperçu sur le socialisme scientifique* :

« Maintenant, déclarait-il, *nous écrivons collectivisme ou communisme indifféremment*. Au point de vue de leur dériation ces deux termes sont également exacts [3]. »

---

1. « De la propriété individuelle dans le collectivisme ». *Revue socialiste*, n° de juillet 1897, p. 51.

2. Fournière ajoutait : « Ainsi donc, si nous restons sur le terrain scientifique, en nous abstenant de toute utopie, nous sommes obligés de reconnaître que les anarchistes ne diffèrent pas des socialistes. »

3. *Le Capital de Karl Marx résumé et accompagné d'un aperçu sur le socialisme scientifique*, p. 10.

Vaillant, dans une lettre adressée à M. de Seilhac, disait encore :

« Pour nous, pour Babeuf, Blanqui et Marx, *socialiste veut dire communiste*[1]. »

Ce qui, étant donnée la confusion des mots socialiste et collectiviste, implique bien l'idée d'assimiler le mot collectiviste, au mot communiste.

Interpellé par M. Deschanel, Jules Guesde faisait à la Chambre la déclaration suivante :

« Si M. Deschanel s'est imaginé embarrasser les socialistes et leur propagande en nous confondant avec les communistes, il s'est grandement trompé. C'est volontairement, systématiquement que, dans mon discours de la semaine dernière, j'ai dit : *collectivisme ou communisme*[2]. »

A ces citations nous ajouterons, pour terminer, une phrase tirée du manifeste que le groupe des étudiants collectivistes de Paris a fait répandre au commencement de l'année scolaire 1897-98 :

« Le *collectivisme ou communisme*, c'est-à-dire la substitution de la propriété sociale à la propriété individuelle des moyens de production et d'échange... »

Si collectivisme et communisme sont deux mots synonymes l'un de l'autre, on peut se demander pourquoi ils coexistent et pourquoi le premier est

---

1. Léon de Seilhac, *Le Monde socialiste*, p. 60.

2. Chambre des députés, séance du 25 juin 1896 *Journal officiel* du 26, p. 1055.

Il est donc entendu que Jules Guesde et ses amis prennent pour eux les invectives de Proudhon : « Les communistes sont des huîtres attachées côte à côte, sans activité ni sentiment, sur le rocher de la fraternité !... Le communisme, c'est le dégoût du travail, l'ennemi de la vie, la suppression de la pensée, la mort du moi, l'affirmation du néant... Le communisme est la religion de la misère ! »

venu faire double emploi avec le second. Ne serait-ce point, comme le déclare Maurice Block, que « le communisme étant impopulaire s'en est tiré en inventant un nouveau mot, le collectivisme?[1] »

Quoi qu'il en soit, socialisme, communisme et collectivisme, voilà bien trois termes désignant une même conception, une même doctrine.

C'est cette doctrine que nous voulons étudier.

Mais, avant d'entrer dans l'examen des diverses parties qui la composent, il nous paraît utile de rechercher quels ont été ses principaux précurseurs et d'étudier la base scientifique sur laquelle elle repose.

---

1. Maurice Block, *Le Socialisme moderne*, 1891, p. 28.

# CHAPITRE III

## LES PRINCIPAUX FONDATEURS DU COLLECTIVISME

Genèse normale des systèmes sociaux. Le collectivisme se rattache à beaucoup d'idées anciennes.

§ 1. MARLO. — Ses idées sur le mal social. — Nécessité de la transformation de la propriété individuelle en propriété sociale. — Les avantages de cette transformation.

§ 2. RODBERTUS. — Valeur et travail. — Ingérence de l'Etat dans le contrat de travail. — Rodbertus a subi l'influence des économistes, Adam Smith, Tracy, Ricardo, Bastiat, etc.

§ 3. LASSALLE. — Sa vie. — Œuvre d'agitation. — Ses idées sur le capital. — La loi d'airain des salaires. — Les associations coopératives comme solution provisoire.

§ 4. KARL MARX. — Le père du collectivisme. — Sa vie. — « Das Kapital » — Ses idées sur la plus-value du capital. — Spoliation au préjudice du travail. — Nécessité d'une transformation sociale.

§ 5. SCHAFFLE. — Sa vie politique. — Ses ouvrages. — Système plus positif que les précédents. — Transformation de la propriété individuelle en propriété sociale.

Les systèmes sociaux sont rarement — pour ne pas dire jamais — l'œuvre spontanée d'un individu ou d'une génération. Ils ne jaillissent pas tout d'un coup, mais sont au contraire le résultat de patientes recherches, de longues observations, de nombreuses généralisations, faites le plus souvent par une multitude d'hommes. Ils trempent leurs racines très loin dans le passé, et bien avant que d'apparaître aux yeux de tous, ils ont eu une existence latente, plus ou moins confuse, faite d'éléments complexes qui se sont longtemps cherchés, pour s'unir ou s'éliminer.

Ceux qui — selon l'expression usuelle — découvrent un système nouveau, ceux qui le présentent au public et le vulgarisent, ne sont pas ceux qui l'inventent. Leur mérite consiste à préciser quelque chose qui était demeuré jusqu'à eux imprécis, à réunir des matériaux qui étaient épars, ou, si l'on veut, à tirer de prémisses déjà posées la conclusion que, pour une échéance incertaine mais plus ou moins fatale, comportaient ces prémisses.

Il serait donc bien difficile de dire à qui est due la doctrine collectiviste. Elle n'est l'œuvre ni d'un homme, ni d'une génération ; elle s'est élaborée lentement, par un rapprochement successif d'idées très différentes, et si la formule qu'elle apporte peut être considérée comme neuve, la plupart des éléments dont elle s'est formée sont assurément très vieux.

Tous ceux qui, depuis Platon jusqu'à Münzer, ont prêché ou essayé d'établir la communauté de biens ; tous ceux qui, à toutes les époques et dans tous les pays, ont voulu charger l'État du bonheur public et restreindre, au nom des intérêts de la collectivité, les libertés individuelles ; tous ceux qui, du haut d'une tribune ou d'une chaire, ont représenté le riche comme un usurpateur ; tous ceux même qui, philosophes, moralistes, théologiens, économistes ou hommes d'État, ont repoussé l'intérêt du capital : tous ceux-là et bien d'autres encore ont, dans une certaine mesure et à des degrés très différents, plus ou moins inconsciemment préparé les matériaux de l'édifice collectiviste.

Nous nous contenterons d'indiquer quelques-uns des hommes qui ont utilisé ces matériaux pour construire l'édifice ; en d'autres termes, qui ont formulé d'une manière précise les revendications collectivistes et qui se sont attachés à développer les théories qui servent directement de base à ces revendications.

Ces hommes sont des Allemands.

## § 1. — Marlo.

Marlo, de son vrai nom Winkelblecht, a peu écrit, et c'est peut-être pour cela qu'il est peu connu. Sa vie fut consacrée en bonne partie à l'étude de l'économie politique et à l'observation des faits d'ordre industriel et agricole. Mais la mort ne lui permit pas d'achever l'ouvrage qui était le résultat de cette étude et de cette observation, et qu'il avait intitulé : *Recherches sur l'organisation du travail.*

Marlo a cependant suffisamment écrit pour nous permettre d'analyser ses idées au point de vue qui nous occupe.

Il professe que le mal dont souffre la société vient non des hommes, mais des institutions. D'où, nécessité d'une réorganisation. Cette réorganisation doit tendre à substituer la propriété sociale à la propriété individuelle.

La conséquence d'une telle révolution économique

sera d'augmenter la productivité et d'améliorer le sort des travailleurs.

A un autre point de vue, pense-t-il, le mode de propriété sociale sera avantageux. Dans la société actuelle, la population augmente sans cesse. Si, d'un côté, les gens aisés hésitent à procréer, ce qui les amènerait à partager et à diminuer leur bien-être, les gens pauvres, au contraire, n'ayant pas à redouter de situation pire, fondent de nombreuses familles. Cet accroissement de la population est un danger, parce que l'accroissement de production n'est pas en proportion avec lui. Or, du jour où la propriété cessera d'être l'apanage de quelques-uns pour appartenir à tous, l'aisance deviendra générale, et par conséquent la population cessera d'augmenter dans d'inquiétantes proportions.

## § 2. — Rodbertus.

Le nom de Rodbertus Jagetsof n'est guère connu du public, et cependant l'homme qui l'a porté a eu une grande influence sur les destinées du collectivisme.

Né en Prusse en 1805, Rodbertus devint ministre de ce pays en 1848, puis se retira dans ses terres où il passa le reste de sa vie, partageant son temps entre l'agriculture et la sociologie. Il correspondit souvent avec Lassalle et exerça aussi une grande influence sur Karl Marx, qui « lui a emprunté le fond de ses théories [1] ».

1. De Laveleye, *Le Socialisme contemporain*.

Il n'a composé, à proprement parler, aucun ouvrage, mais il écrivait souvent, dans des revues et des journaux, de remarquables articles qui furent réunis après sa mort, en 1875, sous le titre de : *Éclaircissements concernant la question sociale.* On a aussi de lui un recueil de lettres et de fragments publiés à Berlin en 1882 par les soins de M. Rudolf-Meyer.

Le principe dont parle Rodbertus, c'est que la richesse est essentiellement le produit du travail et que la mesure de la valeur des choses est déterminée par le travail qui leur est incorporé. Il constate qu'en fait le travail n'est pas rémunéré proportionnellement à la valeur de l'objet produit et que le salaire de l'ouvrier ne dépasse pas ce qui est nécessaire aux moyens de subsistance de l'ouvrier et de sa famille.

D'où, cette conclusion qu'une partie du produit du travail est détournée de sa légitime destination. Il ajoute que ce prélèvement deviendra fatalement plus considérable à mesure que la production sera développée. En effet, si la production augmente, le prix des subsistances baissera, en vertu de la loi de l'offre et de la demande qui veut que les marchandises soient vendues plus ou moins cher selon qu'elles sont plus ou moins rares sur le marché. Si le prix des subsistances baisse, l'ouvrier aura moins à dépenser pour vivre et, en face de la concurrence, se verra dans la nécessité de consentir à la diminution de son salaire.

Ayant ainsi défini la crise, Rodbertus indique la solution. Elle consisterait, d'après lui, dans l'ingérence de l'État, lequel serait chargé de régler la production nationale et de fixer la part à revenir dans les produits à chaque travailleur. Celui-ci, à mesure qu'il apporterait à l'État un objet produit par lui, recevrait, au moyen de bons dont l'unité représenterait la valeur moyenne d'une heure de travail, une rémunération proportionnée au temps de travail dépensé par lui.

Rodbertus reconnaît d'ailleurs qu'une telle réforme n'est pas immédiatement possible et qu'elle ne saurait être mûre avant un ou deux siècles.

On peut dire — et d'ailleurs, il s'en est confessé lui-même — qu'il s'est beaucoup inspiré des œuvres d'Adam Smith, de Tracy, de Ricardo et de Bastiat. C'est en ce sens qu'il est permis de faire remarquer que les économistes ont été les précurseurs des socialistes [1].

Adam Smith [2] avait, le premier, posé la distinction ntre la valeur d'usage et la valeur d'échange. La remière est intrinsèque, relative aux propriétés himiques, physiques ou mécaniques de l'objet ; lle est uniquement déterminée par l'utilité ; la seonde est, au contraire, extrinsèque et déterminée ar la facilité plus ou moins grande de troquer l'objet contre d'autres objets [3]. Lorsque Rodbertus — omme d'ailleurs tous les socialistes — parle de la

1. « Il est digne de remarquer que le socialisme qui s'est lus tard posé en adversaire déclaré de l'économie politique n'en été d'abord qu'une branche dissidente. » Paul Janet : *Saint-imon et le Saint-Simonisme.*

« C'est l'économie politique qui a fourni au socialisme une base cientifique, ce qui lui a permis de sortir de la région des aspiations communistes et des rêves de l'utopie. » De Laveleye.

2. Adam Smith né en Écosse en 1723. mort en 1790.

3. Bastiat définissait la valeur d'échange : « Le rapport de eux services échangés. »

Et Carey : « La mesure de la résistance à vaincre pour se rocurer les choses nécessaires à nos besoins. »

valeur d'une marchandise, c'est de la valeur d'échange qu'il entend parler.

L'idée développée par Rodbertus que la valeur normale d'échange d'un objet est représentée par le travail incorporé à cet objet avait été longuement développée par Smith, par Ricardo [1] et par Bastiat [2].

« Le seul travail, écrivait Smith, est la mesure réelle à l'aide de laquelle la valeur de toutes les marchandises peut toujours s'estimer et se comparer.

Des quantités de travail doivent nécessairement, dans tous les lieux et dans tous les temps, être d'une valeur égale pour celui qui travaille. »

Ou bien encore :

« Le vrai prix d'une chose, le coût réel se mesure à la peine et à l'effort nécessaire à son acquisition. Ce qu'on achète pour de l'argent ou pour des marchandises s'achète par le travail tout aussi bien que ce que nous gagnons par l'effort immédiat de notre corps. Cet argent ou ces marchandises nous épargnent en tous cas l'effort. Ils renferment le prix d'une certaine quantité de travail que nous échangeons contre ce qui est supposé contenir une égale quantité de travail [3]. »

---

1. Ricardo, dont un socialiste a pu dire : « Nous bâtissons sur Ricardo comme sur notre plus solide fondement » (Gronlund, *The cooperative commonwealth*), naquit à Londres en 1778 et mourut en 1823. Il consacra sa vie à l'économie politique, mais écrivit relativement peu. On a cependant de lui quelques ouvrages sur des questions financières et un remarquable *Traité de l'économie politique et de l'impôt*, où il développe sa célèbre théorie de la rente du sol.

2. Bastiat né dans les Landes en 1801, mort en 1850. Il combattit le protectionnisme et le socialisme dans de nombreux pamphlets, lettres, articles de journaux et ouvrages de fond. Les *Harmonies économiques* peuvent être considérées comme son chef-d'œuvre.

3. *Recherches sur la nature et les causes de la richesse des nations*, éd. Garnier, t. I, p. 60.

Seulement, il y a lieu de remarquer une chose, c'est que les économistes, lorsqu'ils désignaient le travail comme mesure de la valeur normale des produits, entendaient parler non seulement du travail manuel, mais encore du travail intellectuel nécessaire à la production et aussi du capital, lequel n'est que du travail antérieur « cristallisé », tandis que les socialistes, au contraire, dans leur empressement à arracher une arme des mains de leurs adversaires pour la retourner contre la société actuelle, ont faussé la doctrine classique et ne parlent plus que du travail manuel.

Quant à la théorie d'après laquelle le salaire du travailleur ne saurait dépasser ce qui représente les frais indispensables de subsistance et d'entretien d'une famille moyenne de travailleurs, elle a été soutenue par bien des économistes.

Turgot avait dit :

« En tout genre de travail, il doit arriver et il arrive en effet que le salaire de l'ouvrier se borne à ce qui lui est nécessaire pour lui procurer sa subsistance. »

Et Ricardo :

« Le prix naturel du travail est celui qui fournit aux ouvriers en général le moyen de subsister et de perpétuer leur espèce sans accroissement ni diminution. Le prix naturel du travail dépend donc du prix des subsistances et de celui des choses nécessaires ou utiles à l'entretien de l'ouvrier et de sa famille...

Mais on aurait tort de croire que le prix naturel des salaires est absolument fixe et constant, même en les estimant en vivres et autres objets achetés de première nécessité. Il varie à différentes époques dans un même pays, et il est différent dans des pays divers. »

On voit combien Ricardo enveloppait sa formule d'atténuations. Il constatait l'existence d'une tendance, mais non pas d'une loi inexorable et rigide.

Jean-Baptiste Say écrivait à son tour :

« Le salaire des travaux simples et grossiers ne s'élève guère, dans chaque pays, au delà de ce qui est rigoureusement nécessaire pour y vivre. »

Stuart Mill [1] prétendait aussi qu'il est illusoire et inutile de donner des lopins de terre à l'ouvrier, lorsque ces lopins sont insuffisants à l'occuper exclusivement, parce qu'alors il est obligé de louer quand même son travail à d'autres et, ayant déjà une partie de sa subsistance assurée, il est porté à accepter un salaire moindre.

Enfin, lorsque Rodbertus déclare que la part de l'ouvrier dans le produit de son travail est insuffisante en fait, il peut encore s'appuyer sur l'autorité d'Adam Smith dont on cite souvent la phrase suivante :

« Le produit du travail constitue la récompense naturelle ou le salaire du travail. Dans cet état primitif qui précède l'appropriation des terres et l'accumulation des capitaux, le produit entier du travail appartient à l'ouvrier. Il n'a ni propriétaire ni maître avec qui il doive partager. »

Assurément, il faudrait se garder de conclure de la lecture de ce passage — comme d'aucuns l'ont fait — que Smith demande pour l'ouvrier le produit intégral du travail dans son sens le plus large. Mais

---

1. Stuart Mill, né à Londres en 1806, mourut à Avignon en 1873. Il passa sa vie à s'occuper de philosophie et d'économie politique. Il fit même de la politique active et fut, pendant quelque temps, membre de la Chambre des communes.

Il a beaucoup écrit. On a de lui entre autres ouvrages : *Principes d'économie politique.* — *La liberté.* — *Considérations sur le gouvernement parlementaire.* — *Utilitarisme.* — *Essai sur la religion.*

enfin, il y a dans cette phrase une indication dont Rodbertus et les collectivistes ont su profiter. Et, dans tous les cas, Smith avait nettement soutenu que le salaire de l'ouvrier doit aller en diminuant à mesure que la production augmentera.

L'originalité de Rodbertus consiste donc surtout à avoir détaché des écrits des économistes un certain nombre d'idées et à en avoir tiré des déductions qui servent aujourd'hui de base au collectivisme.

## § 3. — Lassalle.

Rodbertus avait travaillé surtout en savant. Lassalle travailla surtout en révolutionnaire.

Rodbertus s'était contenté de glaner quelques épis dans le champ de l'économie politique, d'en trier les graines et de faire part de ses trouvailles à quelques amis instruits. Lassalle prit ces graines et s'en fit le semeur infatigable.

On l'a appelé quelquefois le grand agitateur, et il est certainement l'homme qui a le plus contribué à répandre et à faire germer l'idée socialiste dans les masses populaires.

Né à Breslau en 1825, Lassalle fut d'abord destiné au commerce par ses parents, qui étaient israélites. Mais ses inclinations le poussaient vers des carrières plus militantes, le barreau et la politique.

Ses débuts d'avocat furent absorbés par la défense des intérêts de la comtesse Sophie de Hatsfeld, dont le mari détenait les biens et qui avait contre elle le gouvernement et l'aristocratie. Après une dizaine d'années de lutte opiniâtre, Lassalle réussit à faire rentrer la comtesse dans ses droits, et ce fut l'origine, entre elle et lui, d'une amitié que la mort seule devait briser.

Accusé de complicité de vol en 1848, il fut traduit en cour d'assises et acquitté. Accusé encore, la même année, d'excitation à la révolte contre le pouvoir royal, à cause de son *Programme ouvrier* et de son *Adresse aux ouvriers de Berlin*, dans lesquels il excitait les pauvres contre les riches, il fut encore acquitté devant la cour d'assises, mais il fut, du même chef, condamné à six mois de prison devant le tribunal correctionnel.

En 1857, il se rendit à Berlin et y publia une tragédie, *Franz de Sickingen*, où il affirmait la nécessité d'employer le fer et le feu pour accomplir les changements historiques. Dans *la Guerre d'Italie et la mission de la Prusse*, ouvrage publié en 1859, il démontrait que l'unité de l'Allemagne devait être poursuivie à tout prix.

Dans le *Système des droits acquis* (1861), il combattait vivement la propriété individuelle et l'hérédité.

Son *Capital et Travail*, intitulé aussi *Herr Bastiat-Schultze*, et qui parut en 1864, en réponse aux critiques de Schultze-Delitzsch, contient, sous une forme pittoresque et mordante, l'exposé de ses idées sur les droits du travailleur vis-à-vis du capital [1].

Lassalle ne s'est pas contenté de répandre sa doctrine au moyen d'écrits et de pamphlets; il l'a répandue aussi et surtout par la parole.

Il avait tout ce qu'il faut pour plaire aux masses. Jeune, élégant, aristocrate de goûts et de manières, beau parleur, maniant avec la même aisance l'ironie

---

1. Cet ouvrage a été traduit en français par Benoît Malon, en 1880.

froide et l'apostrophe enflammée, il séduisait, il fascinait, il entraînait. C'est surtout à son éloquence qu'il dut son immense popularité.

Sa vie, compliquée de nombreuses aventures, mais qui semblait, malgré tout, ne lui réserver que des satisfactions, se termina d'une façon tragique.

En 1863, il s'était épris de la fille d'un diplomate bavarois, Mlle de Dœnniges, qu'il avait rencontrée à Genève. Celle-ci lui promit d'abord de n'épouser que lui; mais, à la suite d'incidents romanesques qui amenèrent une méprise, elle se crut abandonnée et se laissa fiancer à un autre. Lassalle, furieux de dépit, demanda des explications à la famille de la jeune fille. Son heureux rival se présenta : un duel eut lieu. Lassalle fut tué d'un coup de pistolet.

La mort de cet homme qui avait tenu une si grande place dans l'opinion publique et sur lequel reposaient déjà les espérances de tout un parti fut un événement considérable en Allemagne. La comtesse de Hatsfeld recueillit le corps du grand tribun et lui organisa un cortège triomphal qui parcourut toute l'Allemagne, aux acclamations du peuple, jusqu'au moment où la police de Cologne, inquiète des proportions que prenait une telle manifestation, y mit fin.

L'œuvre sociale de Lassalle ne date guère que de 1861. Elle ne dura que trois ans et, à en juger d'après l'influence énorme qu'elle exerça pendant un laps de temps aussi court, on peut affirmer que, si elle avait duré davantage, elle aurait modifié la physionomie générale du parti socialiste.

Comme Rodbertus, Lassalle déclare prendre pour

point de départ la théorie de la valeur soutenue par Adam Smith, Ricardo et Bastiat :

« Toute valeur, dit-il, se mesure au temps de travail nécessaire à la production d'un produit. »

Il fait toutefois remarquer qu'il n'entend pas parler de la quantité de travail qu'un individu déterminé a pu dépenser pour produire un objet, mais de la quantité de travail nécessaire *en moyenne* pour produire cet objet : c'est ce qu'il appelle « le quantum de travail normal ».

Est-ce qu'en fait, se demande-t-il, le travail reçoit l'entière rémunération à laquelle, en vertu de ce principe, il a droit? Non. Une partie de ce produit est détournée de sa destination et appropriée par le capital. Le capital n'est pas autre chose que le produit de prélèvements successifs, d'usurpations au préjudice du travail.

« Le caractère distinctif, la définition spécifique du travail dans la société moderne est que chacun produit seulement ce qu'il n'emploie pas, c'est-à-dire que chacun produit des valeurs d'échange à l'encontre de ce qui se faisait avant, où l'on produisait surtout des valeurs d'utilité.... Ce travail dirigé exclusivement à la production des valeurs d'échange d'objets qu'on n'emploie pas soi-même est la source de l'immense richesse et en même temps de l'immense pauvreté de la société actuelle [1].

.... C'est le produit du travail d'autrui que les capitalistes épargnent sous le régime du capital [2].

.... La propriété est devenue l'appropriation du bien d'autrui : c'est la thèse dans laquelle pourrait se résumer notre démonstration critique [3]. »

Le travailleur peut-il, dans l'organisation actuelle

1. *Capital et Travail*, traduction de B. Malon, p. 86 et 87.
2. *Id.*, p. 111.
3. *Id.*, p. 254.

de la société, empêcher cette appropriation par le capital de ce qui devrait lui échoir? Non, répond encore Lassalle, et il en donne les raisons suivantes:

« Je l'ai dit dans ma *Lettre ouverte*, la moyenne du salaire du travail dans les conditions de production d'aujourd'hui est, par une inexorable nécessité, limitée à l'entretien nécessaire en usage dans le peuple [1]..... Tout l'excédent du produit du travail sur l'entretien nécessaire usuel chez le peuple revient au capital dans ses diverses formes. C'est la prime du capital [2]. »

Et cette loi dont Turgot, J.-B. Say, Ricardo; Stuart Mill et d'autres encore avaient, avant lui, donné des formules plus ou moins enveloppées, Lassalle, le premier, la baptise du nom qu'elle gardera désormais. Il l'appelle la *loi d'airain des salaires*, « *das eherne Lohngesets* ».

Ayant ainsi déterminé le mal, quel remède propose Lassalle?

« Il ne s'agit pas, dit-il, de supprimer la division du travail, mais plutôt de la développer le plus possible. La division du travail est déjà en elle-même un travail commun, un concours social pour la production [3]. »

Ce qu'il faut faire, c'est fonder tout de suite des associations ouvrières de production commanditées par l'État :

« Tout le domaine de la science et son progrès ne sera véritablement fécond pour la nation que lorsque l'État, par les associations productives, se sera mis en rapport direct avec la production... Ce n'est que par le lien intime de l'État avec la production qui résulterait des associations productives que serait donnée la possibilité de réa-

---

1. *Capital et Travail*, trad. de B. Malon, p. 229.
2. *Id.*, p. 238.
3. *Id.*, p. 257.

liser une masse d'entreprises qui auraient d'immenses suites pour la prospérité et la richesse du peuple et qui actuellement ne peuvent pas avoir lieu [1]. »

On a dit quelquefois que Lassalle repoussait l'idée d'une transformation de la propriété individuelle en propriété sociale. Il y a là une affirmation qui n'est pas exacte. Sans doute, Lassalle ne préconise pas formellement une semblable solution, mais il a soin d'indiquer que la création de sociétés coopératives de production ne peut être considérée que comme une mesure provisoire, un acheminement vers de plus complètes transformations. Il la considère, nous dit-il, comme « le moyen transitoire le plus modéré, le plus facile » et comme « le grain organique de sénevé dont la vitalité irrésistible se développe d'elle-même [2]. »

Schäffle, qui, — nous le verrons, — est partisan très ferme et très résolu de la transformation de la propriété individuelle en propriété sociale, semblait justifier Lassalle vis-à-vis des collectivistes, lorsqu'il écrivait en parlant de l'extension des associations productives :

« Cet ordre de choses ne porterait pas préjudice au socialisme, car les établissements corporatifs ont, dans le fond, beaucoup plus d'affinité avec le collectivisme, et quand viendra le moment d'appliquer le socialisme, cette forme s'y prêtera beaucoup mieux que la forme de production capitaliste privée... Toutes ces formes transitoires, le socialisme peut les conduire comme l'eau à son moulin, mais elles ne sont pas son dernier mot [3]. »

---

1. *Capital et Travail*, trad. de B. Malon, p. 270 et 274.
2. *Id.*, p. 257.
3. *La Quintessence du socialisme*, traduction de Benoît Malon, 2e édition Derveaux, 1881, p. 30.

Gabriel Deville ne partage pas les idées de Schäffle, en ce qui

## § 4. — Karl Marx.

Pendant que Lassalle remuait les foules au souffle de sa parole ardente, Karl Marx étudiait et écrivait son fameux *Capital*, qui est le monument scientifique le plus complet de la doctrine socialiste et qui a valu à son auteur d'être surnommé « le père du collectivisme ».

De tous les écrivains socialistes, Karl Marx est bien, sans contredit, celui qui a le plus creusé la question du salaire et le plus complètement analysé l'antagonisme du capital et du travail.

Schäffle l'appelle « le chef et le théoricien le plus autorisé du prolétariat [1] ». Parlant de son œuvre, Fournière écrit : « Le socialisme marxiste, dont la doctrine et les formulaires sont exclusivement économiques, est, en ce moment, le point d'appui théorique de tous les socialistes militants d'Europe et d'Amérique [2]. » Et Gabriel Deville ajoute : « En France, comme partout à cette heure, le socialisme qui s'impose est le socialisme sorti de la critique économique de Marx [3]. »

Karl Marx naquit à Trèves, en 1828, d'une famille

---

concerne les associations coopératives d'ouvriers. Dans son *Aperçu sur le socialisme scientifique*, il discute la question et conclut « à l'impuissance de la société coopérative et à l'impossibilité de la généraliser ».

*Le Capital de Karl Marx résumé et accompagné d'un aperçu sur le socialisme scientifique*, p. 51.

1. *La Quintessence du socialisme*, trad. de Malon, édition de la bibliothèque populaire, p. 29.

2. *Appendice au Socialisme intégral de Benoît Malon*, t. I, p. 411.

3. *Principes socialistes*, 1896, préface.

israélite. Après de fortes études de droit, il se lança dans le domaine de la philosophie et de l'économie politique, et fonda un journal dans lequel ses idées socialistes commencèrent d'apparaître. Le journal fut supprimé, et lui-même obligé de se réfugier à Paris.

Expulsé de France en 1844, il se fixa en Belgique où il fit paraître, en 1847, *La Misère de la philosophie*, en réponse à *La Philosophie de la misère* de Proudhon. Pas plus que le gouvernement français, le gouvernement belge ne voulut garder un homme que l'on considérait déjà comme un ferment révolutionnaire très dangereux, et Marx dut gagner l'Allemagne, où il s'occupa immédiatement de fonder un nouveau journal. Expulsé encore d'Allemagne, il se réfugia à Londres. Il y mourut en 1883.

En 1859, il avait publié *La Critique de l'économie politique;* mais son œuvre essentielle, c'est *Le Capital*, ouvrage qu'il rédigea tout en s'occupant très activement de l'Internationale, et qui parut en 1867[1].

*Le Capital* — en allemand, « *Das Kapital* » — est comme l'évangile du socialisme contemporain. L'auteur y a réuni, en une gigantesque brassée, tous les faits, toutes les hypothèses, tous les arguments, toutes les déductions, de nature à discréditer le rôle du capital et à démontrer que, dans la société actuelle, celui-ci vit aux dépens du travail.

L'ouvrage dénote une somme de connaissances très étendues, un talent d'analyse très profond, une puissance de logique remarquable, mais il est d'une lecture aride et difficile.

1. On a aussi de lui : *Le 18 Brumaire de Louis Bonaparte. — Travail salarié et Capital. — Recueil d'articles de journaux et de revues* — etc.

M. de Molinari a dit qu'il n'avait jamais pu lire quelques pages du *Capital*, sans ressentir un violent mal de tête. M. de Laveleye exprime une opinion semblable dans son *Socialisme contemporain* : « Le *Capital*, dit-il, est aussi abstrait qu'un traité de mathématiques et il est d'une lecture bien plus fatigante. C'est un vrai casse-tête, parce qu'il se sert de termes pris dans un sens particulier et qu'il construit, de déductions en déductions, tout un système sur des définitions et sur des hypothèses. »

Le *Capital* comprend trois livres. Mais Karl Marx n'en fit lui-même paraître qu'un. Ses disciples ont publié, après sa mort, d'abord le second qu'ils ont trouvé tout prêt, ensuite le troisième qu'ils ont eux-mêmes composé au moyen de notes recueillies dans les papiers du maître.

Seul, le premier livre a été traduit en français [1].

A vrai dire, Karl Marx n'a pas été un innovateur. Ainsi que le fait remarquer Georges Renard dans la *Revue socialiste*, « il a, comme tout enfant d'une civilisation savante, hérité de ses prédécesseurs; il a été l'aboutissant d'une longue évolution intellectuelle : il a résumé en lui l'œuvre collective de plusieurs générations... Si l'on voulait rechercher une à une chez Marx et les marxistes les idées et les formules

---

1. *Le Capital*, traduction de Roy, éd. Lachâtre.

Ce premier livre a été résumé par Deville : *Le Capital de Karl Marx résumé et accompagné d'un aperçu sur le socialisme scientifique.* — Il l'a été aussi par Paul Lafargue : *Le Capital résumé par Paul Lafargue et précédé d'une introduction de Vilfredo Pareto*, libr. Guillaumin.

On trouvera une analyse du troisième livre, par Slepzoff, dans la *Revue socialiste*, nos de janvier et février 1898.

qui appartiennent à Saint-Simon, à Robert Owen, à à Pierre Leroux, à Fourier, à bien d'autres, on en ferait un bon monceau [1] ».

Engels, que Marx appelait « son prophète », eut aussi une grande influence sur son œuvre et collabora quelquefois avec lui, notamment pour la rédaction du *Manifeste du parti communiste.*

Lassalle correspondit d'une façon très assidue avec l'auteur du *Capital* et lui envoya même des articles de revues. Il y eut toujours, cependant, entre ces deux esprits un obstacle au rapprochement absolu de la pensée. Lassalle se plaçait au point de vue national et prêchait ardemment le maintien de l'idée de patrie. Marx, au contraire, soutenait qu'une organisation internationale des prolétaires est nécessaire pour conjurer la crise et s'occupait activement de créer cette organisation.

Le système développé dans le *Capital* est le suivant.

Ainsi que l'ont déclaré plusieurs économistes, la valeur est déterminée par le travail :

« La valeur d'une marchandise est à la valeur de toute autre marchandise dans le même rapport que le temps de travail nécessaire à la production de l'une est au temps de travail nécessaire à la production de l'autre... Nous connaissons maintenant *la substance de la valeur : c'est le travail.* Nous connaissons la *mesure de sa quantité : c'est la durée du travail* [2]. »

---

1. Georges Renard, *Socialisme intégral et Marxisme* (*Revue socialiste*, n° de mai 1896, p. 568).

2. *Le Capital*, trad. de Roy, éd. Lachâtre, p. 15.

D'après M. Block (*Le Socialisme moderne*, p. 42), Karl Marx admettait dans ses premiers écrits que la valeur est proportionnée aux frais de production, tandis que dans le *Capital* il donne le travail manuel comme en étant l'unique mesure : « Il n'est pas le premier, dit M. Block, qui ait ainsi mis le travail

Le travail doit donc, en bonne justice, être rémunéré dans la mesure où il produit.

En fait, il n'en est pas ainsi. L'ouvrier ne reçoit qu'une portion de ce qui lui est dû. Son travail se compose d'une partie qui lui est payée à titre de salaire et d'une partie qui reste impayée. Par exemple, un ouvrier travaille 12 heures et produit un objet qui vaut 12 francs. Il reçoit 6 francs pour ces 12 heures de travail. Par conséquent, son salaire ne représente que 6 heures de travail. Les autres 6 heures ne lui rapportent rien. C'est du « surtravail », ou encore du « travail extra », par opposition au « travail nécessaire » qui est celui réellement payé à l'ouvrier [1].

A qui profite ce surtravail? Au capital. La plus-value qu'il crée constitue « le produit net », ou le profit du capital [2]. Le capital n'est pas autre chose qu'une accumulation de travail impayé :

« Fabriquer de la plus-value, telle est la loi absolue du mode de production capitaliste [3]. »

Cette plus-value, le capitaliste l'obtient non seulement par la prolongation de la journée de travail, mais aussi par le perfectionnement de l'outillage, qui permet de produire davantage dans le même espace de temps. Aussi, à mesure que le progrès facilitera la production, le temps de travail non payé deviendra plus considérable et, par conséquent, le profit du capitaliste plus gros.

---

manuel en avant, mais c'est lui qui a poussé l'idée à l'extrême, et qui en a tiré les conséquences les plus osées. »

1. Le chiffre de 6 heures est bien celui que donne Karl Marx comme représentant le temps de travail nécessaire.

2. *Le Capital*, trad. de Roy, p. 93.

3. *Id.*, p. 272.

D'où cela vient-il? Est-ce là une loi fatale, inévitable dans la société actuelle?

Oui, répondaient Rodbertus et Lassalle, et ils en donnaient pour raison « la loi d'airain des salaires ».

On a dit quelquefois que Karl Marx n'avait pas admis une telle explication [1].

Mais alors comment pourrait-on interpréter cette phrase du *Capital* :

« La grandeur actuelle du travail est limitée seulement *par les frais d'entretien* d'une classe de salariés destinée à produire la richesse de ses maîtres [2]. »

Il semble bien qu'il y ait là l'affirmation de la loi d'airain. En effet, puisque, d'après Marx, le salaire représente le travail nécessaire — le salaire n'étant, en fait, que la rémunération du travail nécessaire — et puisque, d'autre part, le travail nécessaire a pour mesure les besoins d'entretien de l'ouvrier, cela revient bien à dire que le salaire est déterminé par le quantum de ces besoins.

Dans un autre chapitre du *Capital*, après avoir expliqué que l'ouvrier, en échange de son salaire, vend au capitaliste sa force de travail, comme est vendue par un fabricant une marchandise ordinaire, et que cette force de travail est produite grâce aux moyens de subsistance de l'ouvrier, Marx fait la déclaration suivante :

« La force de travail a juste la valeur des *moyens de subsistance nécessaires* à celui qui les met en jeu [3]. »

---

1. SOREL, *La Théorie marxiste de la valeur* (*Journal des économistes*, 15 mai 1897).

*Id.* Lafargue et Vilfredo Pareto, le premier dans ses notes à la suite du Résumé du *Capital*, le second dans l'introduction qui précède ce résumé.

2. *Le Capital*, trad. de Roy, p. 228.

3. *Id.*, ch. VI, p. 73.

Il ajoute qu'il ne s'agit pas seulement des moyens de subsistance nécessaires à l'entretien de l'ouvrier, mais aussi de ceux nécessaires à l'entretien de sa famille.

Cela ne revient-il pas à dire que le salaire de l'ouvrier est déterminé par ses besoins de subsistance? Si, en effet, on admet que le salaire représente la force de travail et que la force de travail représente à son tour les moyens de subsistance, il faut bien admettre que le salaire représente les moyens de subsistance.

Voyons maintenant quel est le remède proposé par Marx. Et d'abord, en a-t-il proposé un?

Schäffle fait remarquer que Marx a été « très prudent dans les manifestations de son programme positif[1] ». Il est certain, en effet, que Marx a voulu surtout faire une œuvre critique, une œuvre destructive. Les idées positives n'apparaissent dans son œuvre qu'accessoirement, qu'accidentellement[2] et sous une forme souvent enveloppée; mais enfin, elles apparaissent.

Non seulement l'auteur du *Capital* s'est efforcé d'amener le lecteur insensiblement, et par une longue suite de déductions, à tirer de son ouvrage cette conclusion que le seul moyen de mettre un terme à la spoliation des travailleurs par le capital, c'est de supprimer ce capital, c'est-à-dire de socialiser les moyens de production; mais il a pris soin de démontrer qu'une telle solution est inévitable.

Dans le chapitre XXVII du Ier volume, intitulé

1. Traduction de « *la Quintessence du socialisme* » par Benoît Malon, édition de la bibliothèque populaire du parti ouvrier, préface de Schäffle, p. 11.

2. P. Leroy-Beaulieu, *Le Collectivisme*, 2e édition, p. 3.

« Tendance historique de l'accumulation capitaliste » et dans lequel il explique ce qu'il appelle « la genèse ou le procès du capital », il fait remarquer que la propriété des moyens de production, loin d'appartenir aux producteurs immédiats, se concentre, tous les jours de plus en plus, entre les mains d'un petit nombre de capitalistes ; et il déclare que cette tendance doit nécessairement aboutir à la socialisation des moyens de production. Après avoir exproprié le producteur, dit-il, le capitaliste sera à son tour exproprié :

« Ce qui est maintenant à exproprier, ce n'est plus le travailleur indépendant, mais le capitaliste, le chef d'une armée... ou d'une escouade de salariés... *La socialisation du travail et la centralisation de ses ressorts matériels arrivent à un point où elles ne peuvent plus tenir dans leur enveloppe capitaliste.* Cette enveloppe se brise en éclats. *L'heure de la propriété capitaliste a sonné. Les expropriateurs seront à leur tour expropriés!*[1] »

La mise en collectivité de tous les moyens de production, telle est donc la solution que Karl Marx entrevoit comme inévitable au bout de la crise capitaliste.

Il ne dit pas comment on y arrivera, ni si ce sera bientôt, ni s'il faudra recourir à la force, mais il considère qu'on ne saurait esquiver un tel dénouement.

## § 5. — Schäffle.

Albert Schäffle est né dans le Wurtemberg en 1831. Après avoir été, pendant plusieurs années, profes-

1. *Le Capital*, trad. de Roy, p. 342.

seur d'économie politique dans diverses universités, il entra au Landtag de Wurtemberg. En 1871, il fut nommé ministre du commerce. Depuis cette époque, il a renoncé à la politique active et s'est retiré à Stuttgard où il s'est surtout occupé d'écrire.

Ses principaux ouvrages sont : *L'Économie nationale ou l'économie politique générale — Capitalisme et Socialisme — Le Système social de l'économie humaine — La Quintessence du socialisme — Principes de la politique douanière — Trois Lettres sur l'échec assuré de la démocratie sociale — Les Caisses de secours corporatives et obligatoires — Les Problèmes fondamentaux de notre époque en Allemagne.*

C'est surtout dans la *Quintessence du socialisme* qu'apparaissent ses idées collectivistes.

Il y reprend la théorie de la plus-value soutenue par Marx et, comme lui, il soutient que cette plus-value est formée du travail non payé au véritable producteur. Subjectivement, dit-il, étant donné l'ordre social actuel, le capitaliste est forcé de la prélever, mais objectivement, elle constitue une injuste spoliation.

Puisque le système est vicieux, il faut donc changer le système. Comment le changer?

Ici, Schäffle fait remarquer que les auteurs socialistes se sont surtout occupés de saper le capital dans ses fondements par la critique obstinée d'un état social qui favorise le développement du capital. Et il ajoute que le programme positif du socialisme est implicitement contenu dans cette critique :

« C'est pourquoi, dit-il, le tableau suivant que nous faisons du contenu positif du socialisme — quoiqu'il ne soit pas fait par les socialistes sous les mêmes traits — est la conséquence rigoureuse de leurs données principales, tant critiques que positives. Nous l'avons simplement contrôlé par la comparaison avec la littérature socialiste qui nous est accessible[1]. »

Aussi, Schäffle s'étend-il très peu sur la partie critique et réserve-t-il ses développements pour la partie positive du programme socialiste. Son mérite consiste surtout à avoir précisé une conclusion que Lassalle et Karl Marx n'avaient pas dégagée d'une façon absolument nette et décisive. « Schäffle seul, déclare P. Leroy-Beaulieu, a donné à cet ensemble d'idées et d'aspirations un corps suffisamment précis. »

Il admet qu'on puisse à titre de mesure transitoire préconiser l'organisation des sociétés coopératives de production, ou la participation aux bénéfices; mais il insiste sur cette idée que la forme finale et définitive du socialisme doit être l'appropriation par la société de tous les moyens de production :

« Quant à la nécessité de la forme sociale et, par conséquent, unitaire de la production, le socialiste doit y tenir en principe, l'anarchie de la concurrence individualiste étant, d'après son principe, la source de tous les maux, de toutes les tromperies, de toutes les désorganisations de toute l'instabilité, de toutes les exploitations et inquités de la société actuelle.

*L'État socialiste ne sera réalisé que lorsque les moyens de production sociale seront propriété collective...*

*Les moyens de production doivent être pour le socialisme propriété collective; ce n'est qu'alors que le travailleur pourra recevoir des moyens de consommation proportionnels à son travail*[2]. »

Schäffle n'est pas d'avis que cette socialisation des

1. *La Quintessence du socialisme*, trad. de Benoît Malon, édit. de la bibliothèque populaire, p. 24.
2. *Id.*, p. 69 et 70.

moyens de production soit nécessairement le résultat d'un effort brusque et définitif :

« Il n'est pas nécessaire que le socialisme transforme immédiatement et tout d'un coup la production privée en production sociale, en fabrique d'État, et toutes les directions de la production en alimentations économiques sociales. Il peut, dans cette œuvre de réorganisation, procéder graduellement et transformer l'une après l'autre les branches productives en établissements administratifs, territorialement réorganisés, de la production sociale unitaire, devant bientôt embrasser toute l'activité nationale[1]. »

Mais cela n'empêche pas Schäffle de déclarer que, tôt ou tard, il faut que la transformation soit complète[2].

Il résume ainsi ses développements :

« Voici dans sa substance le programme du socialisme et le véritable rôle du mouvement socialiste international :

Remplacement du capital privé — c'est-à-dire du mode de production spéculateur privé, sans autre règle sociale que la libre concurrence – par le capital collectif, c'est-à-dire par un mode de production qui, fondé sur la possession collective de tous les moyens de production par tous les membres de la société, produirait une organisation plus unifiée, sociale, collective du travail national[3]. »

1. *La Quintessence du socialisme*, trad. de B. Malon, p. 55.
2. *Id.*, p. 84.
3. *Id.*, p. 8.

# CHAPITRE IV

## BASE SCIENTIFIQUE DU SOCIALISME

Le raisonnement des collectivistes sur les rapports du capital et du travail dans la société actuelle. — L'unique remède : mise en collectivité des moyens de production.

### § 1. — Est-il vrai que le travail est l'unique mesure de la valeur d'échange?

La théorie de la valeur. — Quels éléments la déterminent. — La loi de l'offre et de la demande. — Travail. — Rareté. — Besoin, utilité, agrément. — Les sophismes des socialistes.

### § 2. — Est-il vrai que le produit intégral du travail doit revenir au travail?

1. La part du travail de direction.
2. Les prélèvements pour frais d'outillage.
3. Le bénéfice du capital qui se justifie surtout par les risques courus.

### § 3. — Est-il vrai qu'en fait le capital exerce sur le travail des prélèvements exagérés?

Les entreprises qui dévorent sans profit leur capital. — Des chiffres. — Un tiers. — Les entreprises qui réussissent. — Méthode dangereuse des socialistes. — Mieux vaut en revenir à des chiffres généraux.

## § 4. — EST-IL VRAI QUE, DANS LA SOCIÉTÉ ACTUELLE, LE SORT DES TRAVAILLEURS NE PEUT QU'EMPIRER ?

1. La loi d'airain des salaires. — Hésitations des socialistes modernes à la soutenir. — Elle leur est nécessaire. — Elle n'est pas établie.

2. Influence du machinisme sur le salaire. — Le machinisme ne diminue pas la main-d'œuvre. — Il n'augmente pas le profit du capitaliste. — Dans les pays où il est le plus développé, les salaires sont très élevés.

3. A mesure que la civilisation avance, le revenu du capital baisse et celui du travail augmente. — Les revenus mobiliers. — Rentes sur l'Etat. — Obligations de chemins de fer, etc. — Depuis quarante ans, baisse des deux cinquièmes. — Le revenu industriel est affaibli par la concurrence. — La crise agricole et le revenu foncier. — La concurrence et le revenu du travail. — Des chiffres.

En passant en revue les principaux fondateurs du collectivisme, nous avons déjà entrevu les principales idées qui servent de base à la doctrine socialiste.

Il faut maintenant réunir ces idées en un seul bloc et les discuter.

Voici donc — réduit à sa plus simple expression — le raisonnement que font aujourd'hui les collectivistes.

La mesure de la valeur d'un objet, disent-ils, — en prenant toujours le mot valeur dans le sens de valeur d'échange, — est déterminée par le temps de travail qu'il a fallu employer à produire cet objet. Par conséquent, à celui qui a fourni tout le travail, devrait revenir l'intégralité de la valeur fournie en échange de l'objet produit.

En est-il ainsi dans la société actuelle? Non. Le travail, dans la société actuelle, n'est payé que d'une partie de ses efforts. Le capital absorbe à son profit l'autre partie. Cette partie du travail impayée constitue une plus-value et engendre d'autre capital[1].

Cela est vrai, qu'il s'agisse d'un capital industriel ou d'un capital agricole. Le patron d'une usine ne donne pas à ses ouvriers tout ce qu'ils ont produit. Le propriétaire d'un domaine rural ne laisse pas à ses domestiques, à ses métayers ou à ses fermiers l'équivalent de ce que la terre, grâce à leur travail, a produit.

Il y a toujours une limite au delà de laquelle les travailleurs ne sont plus payés de leurs efforts. Les salaires qu'ils reçoivent flottent inexorablement autour d'un taux qui représente ce qui est indispensable à la force de travail pour s'entretenir et se perpétuer : et, du moment où ce quantum indispensable à la subsistance est atteint, la dépense musculaire du travailleur ne profite plus qu'au capitaliste.

Ce qui rend fatale l'application de cette loi d'airain des salaires, c'est le fait de la concurrence. Les capitaux peuvent attendre : les ouvriers ne le peuvent pas. Il faut manger, et, comme il y a plutôt excédent que manque de bras, les ouvriers vendent leur travail au plus bas prix.

Voilà pourquoi, tant que les moyens de production seront la propriété privée de quelques individus et tant que la concurrence sera possible, les tra-

---

1. « Toute plus-value, quelle qu'en soit la forme particulière — profit, rente, intérêt, etc. — est, en substance, le résultat d'un travail non payé. » G. Deville, *Principes socialistes*, p. 113.

vailleurs seront condamnés à produire plus de valeur qu'ils n'en reçoivent, en d'autres termes à être dépouillés par le capital d'une partie de ce qui leur est dû.

Cette spoliation, loin de s'atténuer, tend à prendre des proportions de plus en plus considérables. A mesure que la civilisation marche, la proportion devient plus inégale entre la part du travail et la part du capital, et par conséquent le fossé plus large entre le travail et le capital. En effet, plus on avance vers le progrès, plus le machinisme se développe et plus la journée de travail qui reste la même en durée devient productive. Or, la production devenant plus grande, que s'ensuit-il? C'est que le prix des marchandises et spécialement le prix des subsistances baisse. Et cela permet à l'ouvrier de vendre son travail pour un prix moindre.

Le mal est donc inhérent à l'état social lui-même; et il est tel que, loin de s'atténuer, il devient de plus en plus criant.

Espérer qu'on pourra l'enrayer par des réformes de détail, comme, par exemple, l'application du libre-échange qui aurait pour conséquence d'abaisser le prix des subsistances [1], ou bien le dégrève-

---

1. « Quant au libre échange et à la protection, panacées vantées, ce sont querelles entre capitalistes dans lesquelles la classe ouvrière n'a pas à prendre parti. » G. Deville. *Le Capital de Karl Marx résumé et accompagné d'un aperçu sur le socialisme scientifique*, p. 53.

Karl Marx avait déclaré dans la conférence de Bruxelles que le socialisme adhère de préférence au libre échange, parce que « le libre échange, en intensifiant la concurrence universelle, en aggravant la lutte économique, accélère la transformation économique et est un agent révolutionnaire ».

Jaurès pense au contraire que le protectionnisme sert mieux la cause révolutionnaire « en suscitant chez des peuples multiples,

ment des impôts payés par les travailleurs [1], ou encore par la participation de ceux-ci aux bénéfices du capital [2], c'est se leurrer de vaines illusions.

Il n'y a qu'un remède utile. C'est de changer l'état social lui-même :

« Tant que moyens de travailler et travail ne seront pas réunis dans les mêmes mains, les moyens de travailler conserveront le caractère de capital, celui-ci exploitera inévitablement le travailleur et lui soutirera le travail qu'il ne lui payera pas...

... Étant donné la forme que revêt l'instrument de

---

à l'abri des tarifs, des industries nouvelles ». Mais il déclare qu'au fond le socialisme est « aussi éloigné du pôle de la protection que du pôle du libre échange ». (*Discours sur la crise agricole.* Chambre des députés, juin 1897.)

1. « Il en est qui parlent de transformer le sort de la classe ouvrière par un perfectionnement de notre système absurde d'impôts et surtout par l'abolition des octrois... Le salaire tend à se régler sur le prix des subsistances indispensables au travailleur, et leur prix baissant à la suite du dégrèvement obtenu par impossible, le salaire finirait à la longue par baisser : à la vie à meilleur marché correspondrait un salaire moindre, et la situation réelle serait la même qu'avant cette réforme improbable. » GABRIEL DEVILLE. *Le Capital de Karl Marx résumé et accompagné d'un aperçu sur le socialisme scientifique*, p. 52.

2. « Un autre remède fort recommandé, c'est la participation aux bénéfices, et l'empressement avec lequel on conseille ce mode particulier de rétribution s'explique, car il est aujourd'hui établi que les seuls à s'en bien trouver sont les capitalistes, rattrapant d'un côté, grâce à ce système, plus qu'ils n'ont l'air d'abandonner de l'autre.

La participation aux bénéfices, donnant à l'ouvrier l'illusion qu'il travaille pour lui-même et qu'il touchera d'autant plus qu'il produira davantage, attache l'ouvrier à l'atelier, supprime les grèves, assure la diminution des frais généraux par l'économie des matières premières, et pousse l'ouvrier à fournir la plus grande somme possible de travail. Elle précipite ainsi par le surplus de production qui en résulte la venue des chômages et des crises périodiques. La participation aux bénéfices n'est donc qu'un moyen d'accroître le degré d'exploitation. » GABRIEL DEVILLE. *Id.*, p. 51.

travail, moyens de travailler et travail ne peuvent être réunis dans les mêmes mains que par la transformation de la propriété capitaliste de ces moyens en propriété sociale, de la production capitaliste en production sociale[1]. »

Tel est, dans ses lignes principales, le raisonnement qui sert de base au collectivisme.

Que vaut ce raisonnement?

## § 1. — Est-il vrai que le travail est l'unique mesure de la valeur d'échange?

Proudhon disait que la question de la valeur est la pierre angulaire de l'économie politique. Elle est surtout — nous venons bien de le voir — la pierre angulaire du collectivisme.

Il s'agit de rechercher quels éléments déterminent la valeur d'échange d'un objet; en d'autres termes, à quelles causes l'on doit attribuer la différence de prix qui existe entre divers produits; pourquoi, par exemple, les pommes de terre se vendent meilleur marché que les truffes et le diamant plus cher que le verre.

Est-il vrai, comme le prétendent les socialistes, que la substance unique de la valeur, c'est le travail? Est-il vrai, comme ils le prétendent aussi, que la mesure unique de cette valeur, c'est le temps de travail absorbé par le produit?

---

1. Gabriel Deville, *Principes socialistes*, p. 35.
Benoît Malon disait dans le même sens : « Ce travail pleinement productif n'étant possible dans la société que par la société, les moyens de production appartiennent à la société tout entière. » *Le Nouveau Parti*, p. 14.

Le temps de travail absorbé par le produit !... Mais, allez-vous objecter tout de suite, c'est absurde, car cela revient à dire : Si Pierre, moins actif ou moins robuste, ou moins adroit que Paul, confectionne une chaise pendant que Paul en confectionne deux exactement semblables à la première, la chaise fabriquée par Pierre doit être vendue à elle seule autant que les deux fabriquées par Paul.

Karl Marx a tenu à éviter une objection aussi facile, et il a pris soin d'expliquer qu'il s'agissait non pas du temps de travail absorbé par un objet déterminé, mais du temps « socialement nécessaire à la production de chaque catégorie d'objet[1] ».

Demandons-nous donc s'il est vrai de dire que la valeur des objets de même espèce est déterminée par la quantité de travail que ces objets ont, en moyenne, coûté pour être produits.

Eh bien, il suffit de jeter les yeux sur le grand marché du monde, à quelque point qu'il plaise à l'observateur de s'y placer, pour, immédiatement et sans doute possible, constater l'influence d'autres éléments que le travail sur la détermination de la valeur, notamment l'influence de la rareté, du besoin, de l'utilité, de l'agrément.

Au fond, ce qui détermine la valeur d'échange, c'est la loi de l'offre et de la demande. Un objet aura d'autant plus de valeur qu'il sera moins offert et plus demandé.

Or, celui qui offre la marchandise tient bien

1. « Le temps socialement nécessaire à la production des marchandises est celui qu'exige tout travail exécuté avec le degré moyen d'habileté et d'intensité et dans des conditions qui, par rapport au milieu social donné, sont normales. » *Le Capital*, trad. de Roy, p. 15.

compte sans doute du travail que cette marchandise a coûté pour être produite ; mais il est bien obligé de la donner quelquefois pour une valeur moindre que celle qui représente ce travail, si elle se trouve en concurrence sur le marché avec un très grand nombre d'autres marchandises similaires, comme aussi il pourra la donner pour une valeur plus forte, si elle est rare.

D'autre part, celui qui demande se préoccupe surtout de savoir si la marchandise lui est indispensable, utile ou agréable.

Revenons à la question posée tout à l'heure. Pourquoi les truffes se vendent-elles plus cher que les pommes de terre ? Est-ce parce que les truffes ont coûté à l'agriculteur qui les a récoltées plus de travail que n'en coûtent les pommes de terre ?

Le propriétaire du Lot ou de la Dordogne qui entretient chez lui des truffières et, l'hiver venu, récolte des centaines de kilos de truffes, s'est-il donc beaucoup fatigué à la recherche de ces truffes ? A-t-il dépensé de grandes sommes de travail ? Non, sa principale occupation a consisté à laisser faire la nature et puis à ramasser sans effort et très rapidement les trésors enfouis dans la terre. Et, à côté de cet homme, un autre a péniblement bêché son champ pour y semer des pommes de terre. Il a dû fumer abondamment, sarcler, et enfin, aux approches de l'automne, il a repris sa pioche pour arracher de ce sol tant de fois remué et soulevé par lui des tubercules qui quelquefois auront été gâtés par les pluies.

Eh bien ! qu'arrive-t-il ? C'est que les truffes se vendront aisément 2.000 francs les 100 kilogs, tandis que la même quantité de pommes de terre sera laissée pour 6 francs, soit 333 fois meilleur marché.

D'où vient ce grand écart, cette différence de prix monstrueuse? Elle vient un peu, si vous voulez, de ce que les truffes ont un parfum que n'ont pas les pommes de terre, mais surtout de ce qu'elles sont plus rares. Et cela est si vrai que le jour où les truffières se multiplieront et où 10.000 kilogs de truffes arriveront sur un marché qui n'en reçoit aujourd'hui que 1.000, le prix des truffes aura singulièrement baissé. Au fond, c'est tout simplement la loi de l'offre et de la demande.

La considération de la rareté entre donc en ligne de compte dans la détermination de la valeur.

Le besoin et le désir — lequel suit souvent le besoin — y entrent aussi.

Ceux qui ont senti les horreurs du siège de Paris, en 1871, témoignent avoir vu des œufs se vendre deux francs pièce et des morceaux de pain se mettre aux enchères et atteindre des prix fous. Fallait-il donc plus de travail pour pétrir et pour cuire ce pain? Non; mais il y avait aux portes des boulangeries des milliers d'estomacs qui criaient la faim, qui éprouvaient un besoin impérieux, irrésistible de nourriture, et cette faim et ce besoin élevaient la valeur de l'objet demandé [1].

Dira-t-on que c'est là un fait anormal, extraordinaire et ne devant pas, à cause de cela, servir de base à une théorie économique? Dira-t-on qu'il y a

---

1. Ce besoin était d'autant plus aigu que l'objet désiré était plus rare. Par conséquent, la rareté entrait indirectement en ligne de compte dans la détermination de la valeur d'échange.

là une diminution de la liberté qui vicie les règles ordinaires du contrat d'échange? Mais, pour être très grand dans l'espèce actuelle, cet amoindrissement de la liberté n'en existe pas moins chaque fois qu'il y a un besoin impérieux, comme la faim, à satisfaire. C'est un élément qui entre fatalement et plus ou moins en ligne de compte.

L'utilité influe aussi sur la demande et, par conséquent, sur l'évaluation du prix d'échange.

Peshine Smith parle de la situation des marchands de briquets phosphoriques qui, par suite de la vulgarisation des allumettes chimiques, ne peuvent se défaire de ces briquets qu'en faisant des rabais énormes. Pourquoi cette différence de prix entre le même objet, hier et aujourd'hui? C'est qu'hier il était plus utile qu'aujourd'hui.

L'agrément a une influence analogue à celle de l'utilité.

Voici deux maisons identiques, de même dimension, construites avec des matériaux de même qualité, par le même entrepreneur et les mêmes ouvriers, mais placées l'une dans un quartier plus ensoleillé, mieux fréquenté, en un mot plus agréable que l'autre. La première vaudra facilement deux fois la seconde. Cependant, elles ont absorbé toutes deux la même quantité de travail. La différence de valeur vient ici de la différence d'agrément.

On pourrait ainsi multiplier à l'infini les exemples et montrer, par le catalogue de toutes les choses susceptibles d'échange, que, si la durée et la quantité de travail ont une influence certaine sur la valeur des produits, cette influence n'est pas isolée, mais, au contraire, coexiste et se combine avec d'autres non moins incontestables.

A ces arguments — ou plutôt à ces constatations de la vie de chaque jour — que vont répondre les socialistes ?

Ils ont une objection toute prête. Ils prennent un objet qu'ils ont soigneusement choisi entre tous, et, se tournant vers leurs contradicteurs :

« Ah ! s'écrient-ils, vous dites que la rareté détermine la valeur ! Mais voici un objet qui n'est point rare et qui vaut beaucoup d'argent. »

Ils en prennent une autre :

« Vous dites que c'est aussi l'agrément. Mais voyez donc cet objet, il n'apporte aucun agrément et, cependant, sa valeur est très grande. »

Et ainsi de suite...

D'où, — ayant de la sorte passé en revue chacun des éléments dont nous venons de parler et ayant trouvé pour chacun de ces éléments un objet qui échappait à son influence — plus fort que jamais ils arrivent à soutenir que le travail seul détermine la valeur d'échange.

Le raisonnement est pour le moins étrange. Nous tenons cependant à montrer que nous ne l'avons pas imaginé. Voici le langage que tenait Jules Guesde à la Chambre des députés :

« La valeur déterminée par l'utilité ! Mais alors voici le pain, par exemple, qui coûte 15 ou 20 centimes, convaincu d'être cent fois moins utile que les truffes qui sont vendues chez Chevet 15 ou 20 francs.

La rareté ! Mais alors c'est la bière dont nous ne fabriquons que 0 millions d'hectolitres, c'est le cidre qui n'atteint pas 13 millions, qui vont être plus cher que le vin, moins rare, lui, avec ses 31 millions d'hectolitres, en moyenne, depuis douze ans.

La rareté et l'utilité écartées, reste, pour déterminer la valeur, le désir ou le besoin. Ce qui revient à dire que, pour quelqu'un qui n'a pas mangé depuis 24 heures, une livre de pain devrait avoir, non pas une valeur d'usage, mais une valeur d'échange ou vénale cent fois plus considérable que la même livre de pain lorsqu'elle se trouve avoir pour acheteur quelqu'un qui sort d'un bon dîner [1]. »

Voilà l'objection.

Elle n'atteint en rien, on le voit, les principes que nous avons énoncés plus haut. Les économistes n'ont jamais soutenu, en effet, que chaque objet susceptible d'échange subit, à la fois, quant à la détermination de sa valeur, l'influence de tous les éléments dont nous avons parlé. Simplement, ils ont affirmé et démontré que s'il y a des objets tirant presque uniquement leur valeur du travail qu'ils ont coûté, il y en a d'autres dans l'évaluation desquels la somme de travail fourni entre à peine en ligne de compte, comme aussi il y en a d'autres — et c'est le plus grand nombre — dont la valeur est déterminée à la fois par le travail et la rareté, ou bien à la fois par le travail et le besoin, ou encore à la fois par le travail et l'agrément.

Jules Guesde compare les truffes aux pommes de terre et déclare que l'utilité est étrangère à l'appréciation de la valeur respective des unes et des autres. Soit. Mais s'ensuit-il que l'utilité soit étrangère à l'appréciation de la valeur d'autres objets, et, d'autre part, s'ensuit-il que la cherté des truffes ne dépend point — comme nous l'avons plus haut démontré — de leur rareté?

Inversement, si le vin est plus cher que le cidre,

---

1. Discours prononcé à la Chambre des députés, séance du 25 juin 1896. (V. *Officiel* du 26, page 1052.)

quoique moins rare que lui, n'est-ce pas parce qu'il est plus utile?

Et quant à soutenir que si le besoin avait une influence sur la détermination de la valeur d'échange, celui qui a faim devrait payer la livre de pain beaucoup plus cher que celui qui sort d'un bon dîner, c'est là une plaisanterie. Ce n'est pas, en effet, la demande plus ou moins pressante d'un seul qui pourra hausser d'une manière générale le prix des objets; il faut la demande de plusieurs, la demande d'un grand nombre. Des moyennes inconscientes s'établissent qui déterminent le prix des objets, en d'autres termes la valeur d'échange.

Jules Guesde a vraiment bien mal choisi ses exemples.

En attendant mieux, il reste démontré que les collectivistes se mettent en opposition flagrante avec l'histoire de chaque jour, en contradiction formelle avec la vérité, lorsqu'ils soutiennent que seul le travail est la mesure de la valeur.

Le point de départ des collectivistes est donc faux.

Schäffle lui-même en faisait d'ailleurs l'aveu lorsqu'il écrivait :

« Il est très sûr que la théorie socialiste de la valeur — en tant que, dans la détermination de la valeur des richesses, elle ne prend en considération que les frais sociaux et néglige totalement la valeur d'utilité qui varie selon le temps, le lieu et la chose — est *complètement incapable de résoudre d'une manière réellement économique le problème de la production collectiviste posé par le socialisme.*

..... *Aussi longtemps que le socialisme n'offrira rien de plus positif à ce sujet, il n'aura pas d'avenir*[1]. »

1. *La Quintessence du socialisme*, trad. de B. Malon, édit. de la bibliothèque populaire de Bruxelles, p. 66.

## § 2. — Est-il vrai que le produit intégral du travail doit revenir au travail?

Les socialistes ne raisonnent pas mieux lorsqu'ils disent que l'ouvrier a droit au produit intégral de son travail et que lui en dérober la moindre partie, c'est commettre un vol à son préjudice.

Nous voyons tous les jours des entreprises se fonder. Le capital s'allie au travail et de cette union naît un produit sur lequel l'un et l'autre ont bien légitimement leur part de copropriété.

I. — Le capitaliste fournit d'abord un travail, lui aussi. C'est le travail de direction, le travail intellectuel, qui est au travail manuel des ouvriers ce qu'est la chaudière aux différentes pièces d'une machine à vapeur. Supposez une usine sans directeur et dans laquelle chaque ouvrier s'épuisera à sa propre besogne, mais sans que, dans cette besogne, il soit aidé par des conseils, par des dispositions de locaux, par des mesures de salubrité et d'hygiène, qui lui permettent de travailler sans danger et avec plus de profit. Il est évident que son travail sera moins productif. Si, au contraire, une intelligence le dirige et lui permet de produire plus rapidement et dans de meilleures conditions, il est bien juste qu'une part de ce surproduit dû à une influence étrangère lui échappe et revienne à cette influence.

La direction ne se contente pas d'augmenter par des combinaisons souvent complexes la productivité du travail et de veiller à ce que les accidents ou l'insalubrité soient évités. Elle s'occupe aussi de chercher des débouchés aux produits. Si ces débouchés n'étaient pas assurés, non seulement il y aurait continuellement des chômages préjudiciables à l'ouvrier, mais il y aurait souvent aussi une baisse dans le prix de vente des produits. L'ouvrier profite ici encore du travail de la direction : n'est-il pas juste que la direction en profite aussi?

Voilà donc déjà une part légitimement prélevée sur le produit du travail.

II. — Le capitaliste fournit ensuite les machines, l'outillage industriel, sans lequel l'ouvrier serait impuissant et stérile.

Tout cela coûte à acheter; tout cela s'use; tout cela demande continuellement des réparations; tout cela a besoin d'être souvent renouvelé et remplacé. Les sommes employées là, il faut bien les amortir. Or, où trouverait-on l'argent nécessaire à cette fin, s'il n'était permis de le prélever encore sur le produit que le travail, grâce à cet aide puissant, a pu réaliser?

III. — Il y a plus : lorsque, pour une grande entreprise, un ou plusieurs individus engagent leurs capitaux, ils s'exposent assurément à voir ces capitaux absorbés par des spéculations malheureuses ou des essais qui avorteront en chemin. En d'autres termes, ces capitaux courent des risques. N'est-il pas juste qu'en échange de ces risques courus, ils aient des bénéfices, toutes les fois que l'opération réussit?

C'est surtout ici que la résistance des collectivistes se fait violemment sentir. Certains admettraient les prélèvements faits par le travail de direction et aussi ceux qui ont pour justification l'amortissement de l'outillage, mais ils se refusent avec la dernière énergie à admettre la légitimité du profit du capital.

Et cependant, si je prête 100.000 francs à une société industrielle, je cours la chance de voir cette somme engloutie tout entière. Nous verrons tout à l'heure que, si quelques sociétés sont prospères, d'autres se ruinent.

Voilà pourquoi j'entends, en cas de réussite, obtenir un profit qui me dédommage des pertes que j'aurais pu faire dans la même entreprise ou que je pourrais faire dans d'autres. Ce profit sur lequel je compte, dont l'espoir seul m'engage à prêter, mais qui est très aléatoire, très incertain, est légitimé par ce fait que je sacrifie la sécurité de mon capital.

Le travail, lui, ne court généralement aucun risque. Il est en quelque sorte abonné, et, quel que soit le sort de l'entreprise poursuivie, il reçoit toujours une rémunération. Il n'en est pas de même du capital, et c'est précisément parce que celui-ci s'expose, qu'il peut, en certains cas, retirer légitimement des bénéfices de l'entreprise.

En résumé, le travail ne doit pas absorber le prix intégral du produit. Une part doit en revenir au travail de direction, et une autre part doit en être attribuée au capital, celle-ci représentant, d'un côté, l'amortissement de l'outillage et, d'un autre côté, les bénéfices dus à ce capital.

## § 3. — Est-il vrai qu'en fait le capital exerce sur le travail des prélèvements exagérés?

Nous venons de voir que le capital a droit à exercer légitimement sur le produit du travail certains prélèvements.

La question peut se poser maintenant de savoir si ces prélèvements justifiés dans leur principe ne sont pas, en fait, exagérés; en d'autres termes, si le capital ne se fait pas, comme le lion de la fable, une part trop grande.

On parle aisément, dans les milieux socialistes, des gros bénéfices réalisés par les patrons. Eh bien, nous allons montrer que, d'une part, dans beaucoup de cas, le capital, non seulement ne retire aucun profit, mais se noie complètement, et que, d'autre part, là où l'entreprise réussit, le capital ne réalise pas souvent les gros bénéfices dont on parle si volontiers.

On voit, sans doute, des entreprises industrielles prospérer et arriver à distribuer de jolis dividendes à leurs actionnaires. Mais, à côté de celles qui réussissent, combien dont la chute est lamentable ! Seulement, celles-là s'engloutissent sans bruit et le peuple ne les voit pas.

Claudio Jannet écrivait dans son livre *Le Capital* : « C'est une opinion courante dans le monde des affaires que le tiers des affaires industrielles consomme son capital; qu'un autre tiers couvre à peine ses frais; que seul le dernier tiers donne des bénéfices et encore dans les temps prospères seulement[1]. »

Le recensement des concessions de mines faites à des sociétés ou à des particuliers depuis 1840 nous fournit d'intéressants renseignements. Sur 1.440 concessions, 800, c'est-à-dire les 5/9, ont dû être abandonnées. Quant aux 640 qui resteraient exploitées, il résulte des statistiques fournies par le ministre des travaux publics qu'elles sont loin d'être toutes florissantes. Sur 453 qui ont pu être surveillées en 1891, 244 étaient en état de prospérité et 209 en état de perte.

En Belgique, sur 257 charbonnages concédés, 124 ont dû être abandonnés.

Quant au point de savoir si là où les capitaux engagés réussissent, ils ne prélèvent pas sur le produit du travail au delà de ce qui, légitimement, devrait leur revenir, il faut reconnaître tout de suite que la question est très difficile à trancher.

Admettons que le capital et le travail doivent chacun retirer du produit une part proportionnée à l'utilité de leur concours respectif dans l'œuvre commune. Mais comment déterminer cette utilité? Comment apprécier, par exemple, l'influence de la direction sur la productivité du travail et sur le prix de vente des objets produits? Comment distinguer ce qui est profit net pour le capital de ce qui représente la rémunération du travail de direction? Sans doute, le travail de direction est quelquefois payé à prix fixe, sous forme de traitement servi à un ingénieur. Mais comment sait-on si ce travail de l'ingé-

1. *Le Capital*, p. 91.

nieur n'a pas plus de valeur que son traitement, en ce sens qu'il rapporte à l'entreprise plus qu'il ne lui coûte? Et s'il en est ainsi, pourquoi l'ouvrier serait-il seul à profiter de cette différence?

On le voit, il est impossible d'arriver à des constatations d'une absolue vérité. Il est impossible de dire : le travail doit recevoir tant, et le capital tant. Il faut se contenter d'approximations.

Cependant, que font nos adversaires?

Ils n'hésitent pas à affirmer et à crier très fort que les capitalistes sont des voleurs, qui se gorgent des richesses dues aux travailleurs. Leur tactique est très simple. Ils n'invoquent pas des totaux, des ensembles de chiffres. Ils apportent simplement quelques chiffres isolés, choisis parmi les plus irritants, et qui établissent que, dans certains cas déterminés, le capital a doublé, quadruplé, décuplé sa mise, sans que le salaire de l'ouvrier ait été sensiblement élevé. Ils jettent ces chiffres aux foules affamées et, tout de suite, généralisant ce qui n'est qu'une exception, ils en arrivent à de désastreuses conclusions.

C'est ainsi que la *Revue socialiste* citait la Compagnie de Courrières dont les actions qui étaient à l'origine de 350 francs étaient cotées 44.510 francs au 31 décembre 1892; celle de Bruay dont les actions ont monté de 400 à 14.000 francs; celle de Nœux dont les actions sont aujourd'hui cotées 18 fois leur valeur primitive, etc. [1].

C'est ainsi encore que Jules Guesde citait à la tribune de la Chambre, au mois de juin 1896, l'exemple des mines de Montrambert dont les actions, pri-

1. V. *Revue socialiste*, n° d'octobre 1893, p. 493.

mitivement très faibles, valaient alors 800 francs.

S'il plaisait aux économistes de suivre la même méthode que les socialistes, la bataille ne serait pas près de finir. A des chiffres on opposerait continuellement d'autres chiffres.

On pourrait, par exemple, citer, avec l'*Économiste français* du 27 octobre 1888, la fabrique de Baccalan, près Bordeaux, qui, depuis sa fondation jusqu'en 1888, a donné aux actionnaires 110.000 francs de dividendes, mais en revanche a payé en salaires aux ouvriers la somme de 37 millions 911.000 francs, soit 350 fois plus.

On pourrait citer aussi non plus un journal libéral, mais une feuille socialiste, le *Moniteur des Syndicats ouvriers*, parlant d'un arbitrage dont avait été chargé le bourgmestre de Lodelinsart, à propos d'une demande d'augmentation de salaire faite par les ouvriers des charbonnages réunis de Charleroi. De la déclaration des directeurs de ces charbonnages, il résulte que, dans les dix années précédentes, le capital n'avait rien touché et avait même dû emprunter une somme de 1.100.000 francs, tandis que les ouvriers avaient reçu 18 millions 101.000 francs de salaires [1].

M. Aynard, montant à la tribune après M. Jules Guesde, le jour où celui-ci apporta les chiffres relatifs aux mines de Montrambert et que nous venons de citer, fit justement remarquer au leader socialiste que, si les mines de Montrambert sont prospères, leurs voisines d'à côté, les mines de Rive-de-Gier qui paient les mêmes salaires ont des actions cotées seulement 25 francs.

1. *Le Moniteur des Syndicats ouvriers*, nos des 20 et 21 mai 1886.

M. Aynard aurait pu fournir d'autres exemples, et plus frappants. S'il a parlé des mines de Rive-de-Gier, c'est que ces mines forment, avec celles de Montrambert, une des quatre subdivisions des mines de la Loire, et aussi sans doute pour montrer qu'avec de tels procédés de discussion, chacun a toujours raison et on n'arrive jamais à s'entendre.

Nous ne suivrons donc pas les socialistes dans cette méthode de généralisation dont les voies multiples conduisent où l'on veut bien les faire aboutir.

De ce que les socialistes invoquent l'exemple de quelques compagnies qui enrichissent leurs actionnaires, il ne s'ensuit pas que toutes fassent de même, et, de plus, cela n'établit point la proportion entre la part de bénéfice adjugée au capital et celle abandonnée au travail.

Mieux vaut — malgré le caractère toujours un peu incertain et flottant des statistiques — en revenir à des chiffres généraux.

En voici donc quelques-uns :

Des travaux faits au ministère de l'intérieur, il résulte qu'en 1888 on comptait en France 127 mines de houille en perte, et 166 en gain. En réunissant les unes et les autres, on obtenait, par tonne de de charbon, pour le capital un bénéfice de 1 fr. 47 et pour le travail, c'est-à-dire pour le salaire, une somme de 5 fr. 04 [1].

En 1894, — toujours pour l'ensemble des houillères de France — l'écart avait été encore plus considérable. Le salaire du mineur avait atteint 5 fr. 80

1. Chiffres cités par CLAUDIO JANNET (*Correspondant* du 25 nov. 1890) et par DE MUN (*Questions actuelles*, n° du 20 juin 1896, p. 17).

par tonne, et le profit du capital n'avait pas dépassé 0 fr. 85 [1].

Nous citons ces chiffres qui concernent l'industrie minière, parce que celle-ci est relativement la plus simple et permet un calcul plus exact de ses résultats. Ils suffisent à montrer l'exagération des socialistes qui soutiennent obstinément que le capital prélève sur le produit du travail une part scandaleuse.

## § 4. — Est-il vrai que dans la société actuelle le sort des travailleurs ne peut qu'empirer?

### I. — *La loi d'airain des salaires.*

Nous avons indiqué ce que les socialistes entendent par la loi d'airain des salaires, et nous avons reproduit les termes dans lesquels Rodbertus, Lassalle et — dans une certaine mesure — Karl Marx l'ont formulée [2].

Aujourd'hui, à l'exception peut-être de Jules Guesde auquel Lafargue reproche d'avoir importé en France la loi d'airain sans en avoir éprouvé la valeur scientifique [3], et qui a d'ailleurs l'habitude d'exprimer assez brutalement sa pensée, les collectivistes n'osent pas affirmer très catégoriquement qu'elle existe.

---

1. Chiffres cités par M. AYNARD à la Chambre des députés, séance du 25 juin 1896 (*Officiel* du 26, p. 1060).
2. Voir plus haut, p. 31, 37, 41.
3. Notes ajoutées par LAFARGUE à son *Résumé du « Capital » de Karl Marx*, p. 172.

Il leur arrive même parfois de la nier, mais ils ne tardent guère à se ressaisir.

C'est ainsi que Gabriel Deville, après avoir parlé, dans ses *Principes socialistes*, de « la prétendue loi d'airain sur les salaires » [1], écrit :

« Ce qui détermine le prix des salaires, c'est le prix des produits normalement nécessaires à la conservation quotidienne de la force de travail, à sa reproduction familiale et à son éducation technique : la quantité des produits nécessaires varie suivant les mœurs, suivant les besoins des ouvriers. Il n'y a pas de loi économique qui oblige ces besoins à se trouver toujours réduits à leur strict minimum. Mais le but vers lequel tendent les capitalistes est de réduire le plus possible les salaires [2]. »

Nous avons précédemment cité [3] un autre ouvrage de Deville où il dit : « Le salaire tend à se régler sur le prix des subsistances indispensables aux travailleurs. »

Jaurès disait à la Chambre :

« Aujourd'hui, le capital, le grand capital prélève sur la classe ouvrière une large part du produit du travail : il réduit, je ne dis pas au plus bas — je ne prétends pas que la loi d'airain soit d'une rigueur inflexible — mais il réduit très bas la puissance de consommation de la classe ouvrière. »

Au fond, les socialistes auraient bien tort de nier cette loi d'airain des salaires, car elle leur est indispensable pour justifier leurs revendications ; elle est le lien nécessaire qui relie leurs prémisses avec leur conclusion ; ou, si l'on préfère, elle est la clé de voûte qui soutient leur édifice.

---

1. *Principes socialistes*, p. 128.
2. *Id.*, p. 129.
3. Voir 1re note de la page 54.

Sur quoi, en effet, s'appuient-ils pour démontrer la nécessité d'une transformation sociale? Sur ce fait que, dans la société actuelle, le capital vit de prélèvements injustes sur le produit du travail. Mais du jour où ils auraient prouvé que cela est vrai, auraient-ils pour cela établi la légitimité de leur conclusion? Nullement.

La conclusion des socialistes ne saurait être admise qu'à la charge, pour eux, de démontrer que le mal vient directement de l'état social, fait corps avec l'état social, subsistera tant que l'état social ne sera pas modifié, et que, par conséquent, c'est à l'état social lui-même qu'on doit s'en prendre pour l'enrayer. Or, si les socialistes n'admettent pas la loi d'airain des salaires, que répondront-ils à ceux qui leur diront : « on peut améliorer le sort des travailleurs sans bouleverser l'ordre social, sans soustraire à la propriété privée les moyens de production » ?

On comprend, d'autre part, leur hésitation à soutenir une thèse aussi démodée et aussi convaincue d'erreur que « la loi d'airain ».

Par quels arguments pourrait-elle être défendue, en effet?

On dit : lorsqu'il y a beaucoup de bras pour offrir le travail, le salaire descend au niveau de ce qui représente l'indispensable pour vivre; lorsqu'il y a diminution de bras, le salaire monte bien momentanément, mais cette hausse ne se maintiendra jamais longtemps, car elle amènera une augmentation très sensible du nombre d'enfants.

Eh bien! s'il y avait réellement, dans une telle affirmation, l'expression d'une loi économique véritable, fatale, les socialistes ne manqueraient pas de l'appuyer sur des faits, de l'étayer par des considérations historiques, de démontrer enfin qu'elle correspond à autre chose qu'à une supposition.

Or, c'est là ce qu'ils n'ont point fait. Ils n'ont rien justifié, rien démontré. Une formule leur suffit, et là où il faudrait prouver, ils se bornent à énoncer.

Aussi, pourrions-nous nous dispenser d'une discussion sur la loi d'airain des salaires.

Nous nous contenterons d'observations très brèves.

S'il est vrai que la moyenne des salaires représente ce qui est indispensable aux besoins d'une famille de travailleurs, d'où vient qu'un garçon de café gagne souvent ses 25 francs par jour, tandis qu'un ouvrier mineur dont la tâche est pourtant plus rude doit se contenter de 4 francs?

Et comment expliquer, d'autre part, que, depuis soixante ans, la moyenne des salaires a doublé[1]? Dira-t-on que cette proportion s'applique au salaire nominal, tandis que le seul salaire qu'il convienne d'examiner, c'est le salaire réel, c'est-à-dire « la puissance d'achat que procure à l'ouvrier une journée de travail »? Soit. Mais il faut bien reconnaître alors que la hausse du prix des subsistances est très loin d'avoir été en proportion de la hausse du salaire nominal, et que, par conséquent, il y a eu hausse dans le salaire réel de l'ouvrier. C'est ainsi qu'en Belgique on a constaté que, de 1866 à 1891, c'est-à-dire en 25 ans, le salaire nominal a augmenté de 50 % et le salaire réel de 42 %. Il y a donc eu hausse véritable dans le salaire de l'ouvrier.

Et quant à soutenir que l'aisance amène une aug-

1. Levasseur.

mentation de population, c'est se heurter encore à la vérité des faits. Il est faux de prétendre que la population croît davantage dans les milieux aisés que dans les milieux pauvres. C'est le contraire qui est exact.

Le père de famille qui commence à sentir l'aisance entrer dans sa maison est porté à croire qu'elle diminuera du jour où elle sera partagée entre un plus grand nombre. Le pauvre, lui, n'a pas à redouter de situation pire, et il mesurera moins la conséquence de ses actes. Voilà pourquoi la France, plus riche que l'Allemagne, ne voit pas sa population s'accroître dans la proportion de sa voisine[1]. Voilà pourquoi les Irlandais pauvres et misérables fondent de bien plus nombreuses familles que les lords anglais.

En un mot, les socialistes sont placés dans l'alternative, ou bien de renier « la loi d'airain des salaires », et alors de disloquer leur système, de supprimer la clé de voûte de l'édifice collectiviste, ou bien de s'obstiner à défendre une formule convaincue d'inexactitude et définitivement écartée du domaine scientifique.

Il faut avouer que la position est embarrassante.

## II. — *Influence du machinisme sur le salaire.*

Voyons maintenant ce qu'il faut penser de l'assertion des socialistes qui prétendent que le développement du machinisme est préjudiciable aux travailleurs.

---

1. V. de Laveleye, *Le Socialisme contemporain*, p. 70. Il ne s'agit pas ici des familles très riches, mais des familles aisées.

Ils font au machinisme deux reproches : d'abord, celui de diminuer la main-d'œuvre ; ensuite, celui d'augmenter, au profit du capitaliste, le temps de surtravail, c'est-à-dire le temps de travail qui n'est pas payé à l'ouvrier.

Le premier reproche est démenti par l'expérience. Non seulement les machines destinées à augmenter la productivité ou à diminuer l'effort humain incorporent elles-mêmes beaucoup de travail avant de pouvoir fonctionner, mais on a encore pu remarquer qu'elles aident le travailleur sans le supplanter.

C'est ainsi que les chemins de fer occupent beaucoup plus d'employés que n'en occupaient les antiques diligences. Le progrès du machinisme coïncide avec un redoublement d'activité dans le monde économique. A mesure que la production devient plus facile, les besoins de consommation augmentent.

M. Deschanel racontait à la tribune de la Chambre, le 10 juillet 1897, qu'il avait fait une enquête personnelle dans le but de rechercher si le développement du machinisme agricole avait contribué à priver de travail les journaliers de la campagne. Il avait questionné à ce sujet un grand nombre de syndicats agricoles, et toutes les réponses qu'il en avait reçues s'accordaient sur ce point que la machine ne supprime pas la main-d'œuvre.

Voici quelques-unes de ces réponses :

« Les machines sont insuffisantes à suppléer au manque de bras. » (*Syndicat agricole de Marmande, Lot-et-Garonne.*)

« L'introduction des machines n'a pas rendu de bras inutiles ; elle a augmenté la production et par là même nécessité plus de main-d'œuvre. C'est dans les exploitations qui ont l'outillage le plus complet que le personnel agricole est le plus nombreux. » (*Syndicats agricoles de la Guerche et de Desvres, Pas-de-Calais.*)

« L'utilisation du machinisme en agriculture ne laisse aucun bras sans ouvrage. » (*Syndicat du Garric, Tarn.*)

« Il n'y en a donc pas d'inutiles. Pour croire le contraire, il faut être absolument étranger aux choses agricoles [1]. » (*Syndicat d'Albi.*)

« La main-d'œuvre manque souvent pour faire marcher la machine. » (*Syndicat de la Haute-Loire.*)

Le second reproche adressé au machinisme n'est pas plus fondé que le premier. Si le travailleur arrive à produire une quantité plus grande dans un temps moindre, il en résulte que les marchandises devenues plus abondantes sont données à meilleur marché.

C'est le résultat inévitable de la concurrence entre capitalistes. De sorte que l'on peut dire que l'accroissement de production ne profite pas nécessairement au producteur, capitaliste ou travailleur, tandis qu'il profite toujours au consommateur.

D'ailleurs, ce qui prouve bien que le machinisme n'a pas de conséquences fâcheuses pour le travailleur, c'est que c'est précisément dans les pays où il est le plus développé, aux États-Unis par exemple, que les salaires sont le plus élevés.

### III. — *A mesure que la civilisation avance, le revenu du capital baisse et celui du travail augmente.*

Aux affirmations des socialistes, nous opposons encore ce fait que le revenu du capital diminue de plus en plus, tandis que le revenu du travail progresse toujours.

Le revenu des capitaux mobiliers est surtout atteint.

---

1. Ceci était à l'adresse de Jaurès.

Si l'on considère en France les rentes 5 % sur l'État, on est amené à faire les constatations suivantes : en 1883, le 5 % est converti en 4 1/2 %; en 1896, le 4 1/2 % est converti en 3 1/2 %, et on parle maintenant d'une conversion en 2 1/2 %.

Cette baisse du taux de l'intérêt produit par les rentes sur l'État est générale. « Le 2 1/2 %, dit M. Neymark, apparaît comme le taux régulateur pour les types de premier choix. C'est le taux que supportent la rente belge et hollandaise, le Consolidé anglais. C'est vers ce type de 2 1/2 % qu'évoluent les rentes des grands États européens; les rentes 3 % qui subsistent encore ne doivent plus être considérées que comme du 2 1/2 % différé. »

Les obligations de chemin de fer qui produisaient 4 1/2 %, avant 1869, ne produisent plus, depuis cette date, que 2,90 %; et celles qui sont émises aujourd'hui, le sont à 2 1/2 %.

Les obligations des grandes compagnies industrielles, par exemple des compagnies d'omnibus, d'eau, de gaz, de messageries, rapportent au plus 3 1/2 %.

Celles du Crédit foncier émises en 1869 sont presque toutes converties au 2,60 %.

On voit, par ces exemples, dans quelle proportion a baissé le revenu des capitaux mobiliers.

M. des Essarts a publié une étude sur la consistance des portefeuilles des déposants à la Banque de France, de 1857 à 1896. De cette étude il résulte qu'en 1857 le revenu des capitaux déposés était, en moyenne, de 5,26 %, tandis qu'il n'est plus aujourd'hui que de 3,33 %, soit une diminution de 37 %.

Cette évaluation justifie bien les chiffres donnés par M. Cheysson : « Nous retombons, dit-il, sur cette conclusion qui s'impose : en quarante ans, le taux des valeurs sûres s'est approximativement réduit de 5 à 3 %, c'est-à-dire des deux cinquièmes[1]. »

Quant au revenu industriel, il a eu un moment de prospérité, lorsque la grande industrie s'est développée et que, la vapeur multipliant les facilités de communication, les produits ont pu trouver des débouchés un peu partout. Mais cela n'a pas été de longue durée. La concurrence internationale a pris bien vite une grande acuité, et elle a eu pour conséquence d'obliger le producteur à livrer à meilleur marché, par conséquent à diminuer son profit.

On ne peut pas ici, comme pour le revenu des valeurs mobilières, évaluer par des chiffres généraux la proportion d'affaiblissement des revenus industriels.

Le compte a, cependant, été fait pour les mines de Belgique, par M. Harzé, inspecteur général des mines de ce pays. M. Harzé a étudié la situation des mines en 1896, et il résulte de ses calculs que, sur 100 francs de valeur produite, la part revenant à l'exploitant était de 9,60 pour la période allant de 1861 à 1870, de 7,30 pour la période allant de 1881 à 1890, et seulement de 4,30 pour l'année 1895.

Nous ne disons rien du revenu foncier qui, dans certaines zones, a diminué de 20, 25 et 30 %, depuis quinze ans. La crise agricole est trop bruyamment reconnue par les socialistes pour qu'il soit besoin d'y insister.

Au reste, il est inévitable que les phénomènes atteignant le revenu du capital sous une quelconque

1. Conférence faite à Amiens, le 6 avril 1897, publiée par le Comité de défense et de progrès social, en brochure intitulée : *La crise du revenu et la loi du travail.*

de ses formes n'aient pas leur répercussion sur toutes les autres formes. La baisse du revenu mobilier est l'indice à peu près certain d'une baisse dans le revenu foncier et dans le revenu industriel.

Nous venons d'indiquer, comme étant une des principales causes de la baisse du revenu des capitaux, la concurrence de plus en plus grande que se font ces capitaux. Or, cette concurrence a précisément pour effet d'augmenter le revenu du travail, en ce sens qu'elle amène une plus grande demande de travail par les capitalistes, et par conséquent une hausse sur les salaires.

De plus, lorsque le revenu mobilier baisse, les compagnies ou les sociétés financières, que la nécessité de payer à des actionnaires de gros intérêts avait jusque-là détourné de l'idée d'entreprendre certains travaux difficiles ou coûteux, sont encouragées par la diminution de leurs frais à tenter l'aventure. On percera plus d'isthmes, on défrichera davantage, on creusera plus de canaux, on établira plus de chemins de fer : tout cela augmentera encore la demande de travail et par conséquent élèvera le taux des salaires.

Nous avons indiqué plus haut[1] que non seulement le salaire nominal de l'ouvrier, mais aussi — étant donné que la hausse du prix des subsistances est légère — le salaire réel de l'ouvrier a augmenté dans de très fortes proportions; en d'autres termes, que la situation de l'ouvrier s'est grandement améliorée.

Il est intéressant de constater que ce phénomène

1. V. plus haut p. 74.

correspond à l'affaiblissement inverse du capital.

M. René Lavollée, résumant dans ses *Études de morale sociale* les travaux de MM. Léone Levi et Goffen sur les salaires en Angleterre, disait « que, de 1851 à 1881, le revenu moyen des classes ouvrières s'était augmenté de 59 %, tandis que celui des classes moyennes ne s'élevait que de 37 %, et celui des classes aisées s'abaissait de 30 %.

Des rapports que nous avons déjà cités de M. Harzé, inspecteur général des mines de Belgique, nous extrayons les chiffres suivants qui établissent comment 100 francs de valeur produite se répartissent entre l'exploitant, les ouvriers et les frais d'exploitation :

| ANNÉES | FRAIS D'EXPLOITATION | PART DES OUVRIERS | PART DE L'EXPLOITANT | PART PROPORTIONNELLE DE L'EXPLOITANT |
|---|---|---|---|---|
| 1861-70. | 38,10 | 52,30 | 9,60 | 18,30 |
| 1881-90. | 38 | 54,70 | 7,30 | 13,30 |
| 1895.... | 37,40 | 58,30 | 4,30 | 7,36 |

On voit, par ce tableau, que la part de l'exploitant a diminué rapidement, tandis que celle de l'ouvrier a augmenté. Pour 1 franc touché par l'exploitant, l'ouvrier recevait, en moyenne, pendant la période allant de 1861 à 1870, une somme de 5 fr. 46, et en 1895 une somme de 13 fr. 55.

De tels chiffres sont éloquents et se passent de commentaires.

Nous savons maintenant ce qu'il faut penser des assertions de ceux qui prétendent que la civilisation a pour effet « d'accumuler de plus en plus la richesse à un pôle, et la misère au pôle opposé ».

## CHAPITRE V

### LE COLLECTIVISME INCOMPLET, SYSTÈME DE LA NATIONALISATION DU SOL.

#### § 1. — L'ÉCOLE DES SOCIALISTES AGRAIRES.

Collectivisme spécial à la terre. — *Colins* et ses disciples. — *François Huet.* — *Russell Wallace.* — *Henry George.* Appropriation de la terre par l'État au moyen de l'impôt. Les trois arguments des partisans de la nationalisation du sol.

#### § 2. — « LA PROPRIÉTÉ, C'EST LE VOL. »

Le mot s'applique à la propriété privée du sol. — Est-il vrai que celle-ci ait pour fondement l'usurpation du premier occupant? — Les conséquences d'une semblable théorie. — Au fond, question oiseuse. — Il s'agit de la légitimité de la possession actuelle. — La valeur de la terre vient surtout du travail qui lui est incorporé.

#### § 3. — LA RENTE DU SOL.

Ce que c'est que la rente. — Elle n'existe pas partout. — Pourquoi profiterait-elle à la collectivité? — En réalité, la collectivité en profite.

#### § 4. — LA PLUS-VALUE DU SOL.

Les phénomènes qui déterminent cette plus-value. — Augmentation de population. — Les exagérations d'Henry George. — Une partie seulement de la collectivité devrait profiter de la plus-value.

## § 1. — L'école des socialistes agraires.

A côté du collectivisme intégral dont nous venons d'examiner la base scientifique et qui poursuit la transformation de tous les moyens de production, tant industriels qu'agricoles, il y a un collectivisme incomplet qu'on a quelquefois désigné sous le nom de collectivisme agraire et qui se borne à préconiser la nationalisation du sol.

Les arguments que les partisans d'un tel système mettent en avant pour le justifier s'appliquant à un moyen de production d'un caractère tout spécial et très différent des autres, la terre, ne sont plus les mêmes que ceux dont la discussion a fait l'objet des pages précédentes.

C'est pourquoi nous les étudierons séparément.

Colins a beaucoup contribué au développement du collectivisme agraire.

Né en Belgique en 1783, il fut successivement officier et médecin, puis se consacra exclusivement à l'étude de la philosophie et des sciences économiques. On a de lui de nombreux ouvrages : le principal, celui dans lequel ses idées sociales sont le mieux exprimées, c'est le *Pacte social* publié en 1835. On y trouve cette phrase :

« La propriété immobilière appartient à tous. »

D'après Colins, en effet, la terre doit appartenir à tous les hommes, parce que tous les hommes sont égaux et parce qu'ils ne sauraient non plus être libres sans être propriétaires.

Les idées de Colins ont été reprises et développées par ses disciples : de Potter, Hugenblotter et Borda.

François Huet[1] s'est aussi beaucoup inspiré des idées de Colins et de son école dans son livre *Le règne social et le christianisme*. Il a lui-même groupé un certain nombre de disciples, parmi lesquels Laveleye[2].

En Angleterre, Russell Wallace fit paraître en 1883 un livre intitulé *Nationalisation of Land* dans lequel il prêche, comme le titre l'indique, la nationalisation du sol.

Mais c'est l'américain Henry George qui a le plus dénigré l'appropriation du sol et qui a le plus contribué à répandre les idées du socialisme agraire, spécialement par la diffusion dans tous les pays de son ouvrage *Progress and Poverty*.

Henry George part de ce principe que la richesse des uns s'accroît en raison directe de la pauvreté des autres. Il attribue la cause de cette inégalité à la rente du sol qui prélève à son profit tous les avantages du progrès économique. Le remède qu'il préconise, c'est l'attribution à l'État de la propriété terrienne ou du moins de la jouissance de la rente terrienne. Cette attribution ne repose pas nécessairement sur l'appropriation directe : il suffit, explique-t-il, d'élever l'impôt foncier de façon qu'il absorbe la rente. De la sorte, la collectivité profiterait de la rente, et, d'autre part, comme l'impôt foncier serait très élevé, il deviendrait l'impôt unique et permet-

1. Né dans la Beauce en 1814; mort à Paris en 1869. Etudie d'abord la philosophie, puis se tourne du côté des sciences sociales.

2. V. *Le socialisme contemporain*, de Laveleye, p. 297.

trait à l'industrie désormais débarrassée de toute entrave fiscale de prendre un nouvel essor.

Si l'on voulait grouper ensemble et réduire à leur plus simple expression les arguments que les partisans de la nationalisation du sol font valoir en faveur de leur système, on pourrait les ramener à trois principaux : d'abord, disent-ils, la terre étant à tous, si un individu s'en approprie une partie à l'exclusion des autres individus, il commet un vol au préjudice de la collectivité; ensuite, il n'est pas juste que la rente du sol ne profite qu'à quelques-uns au lieu de profiter à tous; enfin, à mesure que la civilisation se développe, la terre augmente de valeur par suite de phénomènes auxquels l'individu reste étranger, qui sont l'œuvre de la collectivité, et dont par conséquent la collectivité tout entière doit tirer profit.

Nous allons examiner successivement ces trois arguments.

## § 2. — « La propriété, c'est le vol. »

« Si j'avais, disait Proudhon, à répondre à la question suivante : « Qu'est-ce que l'esclavage ? » et que, d'un seul mot, je répondisse : « C'est l'assassinat ! » ma pensée serait d'abord comprise. Je n'aurais pas besoin de longs discours pour montrer que le pouvoir d'ôter à l'homme la pensée, la volonté, la personnalité, est un pouvoir de vie et de mort et que faire un homme esclave, c'est l'assassiner. Pourquoi donc, à cette autre demande : « Qu'est-ce que la propriété ? » ne puis-je pas répondre de même : « C'est le vol ! » sans avoir la certitude de n'être pas entendu, bien que cette seconde proposition ne soit que la première transformée...

« La définition de la propriété est mienne, et toute mon ambition est de prouver que j'en ai compris le sens et l'étendue. La propriété, c'est le vol ! Il ne se dit pas en mille ans deux mots comme celui-là. Je n'ai d'autre bien sur la terre que cette définition de la propriété, mais je la tiens plus précieuse que les millions de Rothschild et j'ose dire qu'elle sera l'événement le plus considérable du règne de Louis-Philippe [1]. »

Si Proudhon n'avait pas eu, selon son expression, d'autre bien sur la terre que cette définition de la propriété, il faut avouer que sa richesse n'eût pas été grande. Bien avant lui, Brissot de Warville avait dit :

« Le voleur, c'est le riche; la propriété exclusive, c'est le vol [2] ! »

Quoi qu'il en soit de cette question de paternité, la formule est aujourd'hui tombée dans le domaine socialiste, et la conclusion qu'on en tire, c'est que la collectivité peut, sans scrupule, dépouiller des individus, qui ne possèdent qu'en vertu d'une usurpation criminelle [3].

Dans une pièce de vers que Clovis Hugues a fait paraître dans la *Revue socialiste*, le mauvais larron s'adresse au bon larron qui, crucifié comme lui, l'excite au repentir, et il lui dit :

---

1. Proudhon, *Système des contradictions économiques*, t. II, p. 329.
2. *Recherches philosophiques sur le droit de propriété.*
3. « Pourquoi n'en finirions-nous pas aussi rapidement aujourd'hui ? Ce vol n'est pas comme le vol d'un cheval ou d'une somme d'argent, qui cesse avec l'acte. C'est un vol continu, de chaque jour, de chaque heure... Ce n'est pas seulement un vol dans le passé, c'est un vol dans le présent, un vol qui prive de leur droit de naissance les enfants qui viennent maintenant au monde. » Henry George.

« J'ai volé comme toi, parce que les abeilles
Dérobent à leur tour le miel des genêts blonds,
Quand elles ont subi dans les fleurs, sous les treilles,
La colère des vents et l'assaut des frelons. »

Un tel argument peut évidemment être mis au service des véritables collectivistes, qui prétendent que tout capital est le résultat d'une plus-value créée par le travail, et, par conséquent, d'une spoliation. Mais ce sont surtout les partisans de la nationalisation du sol qui le mettent en avant. De sorte que, quand on dit : « La propriété, c'est le vol », on entend généralement parler de la propriété du sol.

Sur quoi se base-t-on pour soutenir que l'appropriation individuelle du sol constitue un vol ? On dit que le sol, n'ayant, à l'origine, appartenu à personne, n'est devenu propriété individuelle que par suite d'une occupation violente : le plus fort s'est maintenu au préjudice du plus faible.

Cela est-il vrai ?

Les premiers hommes qui ont paru sur la terre, groupés selon une filiation paternelle ou maternelle, ont vraisemblablement occupé le sol en commun, y exerçant ensemble le droit de chasse, de pâture, de parcours, etc.

A quelle époque la propriété du sol est-elle devenue individuelle ? C'est ce qu'on ne saurait préciser, car elle n'est pas devenue individuelle partout et pour tous les hommes au même moment.

Cette appropriation individuelle a-t-elle été le résultat de la violence exercée par le plus fort sur le plus faible, ou bien la conséquence d'un partage entre les membres d'une communauté d'individus ? Voilà qui est encore bien difficile à préciser. Il est possible que les deux modes se soient rencontrés.

Au moment où quelques hommes ont commencé de se fixer d'une manière stable et à l'exclusion des autres sur une portion déterminée du sol, le nombre des hommes était bien inférieur à ce qu'il est aujourd'hui : il y avait de la place pour tout le monde et il ne devait pas être nécessaire de recourir à la force pour s'établir à tel ou tel endroit. On ne peut donc pas affirmer d'une manière générale que l'occupation primitive du sol a été le résultat de la violence.

Au reste, une semblable proposition n'aurait pas seulement pour conséquence d'entacher d'illégitimité la propriété de l'individu sur le sol. Ainsi que le fait remarquer Paul Leroy-Beaulieu[1], elle aurait encore pour conséquence de supprimer le droit de la nation et de la commune sur un territoire déterminé ; car le droit de la nation et de la commune repose aussi sur l'occupation primitive.

« Bien plus, ajoute Leroy-Beaulieu[2], si la Lune était par hasard habitée et si l'on découvrait un moyen quelconque de correspondre avec elle, les hommes de la Terre devraient admettre les hommes de la Lune en participation de la jouissance terrestre, car, pour revendiquer la possession exclusive de ce dernier, ils ne pourraient invoquer d'autres titres que la longue occupation et le travail successif des générations, motifs que les collectivistes déclarent insuffisants pour justifier la propriété exclusive. »

Mais admettons — pour le besoin de la discussion — que l'occupation originaire du sol ait uniquement reposé sur l'usurpation et la violence. S'ensuit-il que les propriétaires actuels du sol sont des

---

1. *Le Collectivisme*, p. 78.
2. *Id.*, p. 81.

voleurs? Car la question n'est pas de savoir si, à un moment donné, il y a peut-être soixante siècles, un homme s'est injustement approprié le sol que je détiens aujourd'hui; mais il s'agit de rechercher si moi, propriétaire actuel, moi que les collectivistes veulent déposséder, je ne puis asseoir mon droit de propriété sur une autre base que l'usurpation. Pour arriver à démontrer le caractère légitime ou illégitime de ma propriété, il n'est pas nécessaire de remonter si loin dans le cours des âges et de reconstituer les titres successifs de propriété du lopin de terre que j'occupe aujourd'hui.

Une telle entreprise serait d'ailleurs impossible à réaliser. Comment retrouver aujourd'hui la trace des transmissions nombreuses et diverses dont un champ a été l'objet? Comment même reconnaître l'identité de ce champ, à travers les vicissitudes de la guerre et de la paix et à travers les nombreux changements qu'il a subis dans son aspect, dans sa contenance, dans son mode de culture, dans sa valeur?

Aussi bien, la terre n'a-t-elle aujourd'hui de valeur que grâce au travail qui lui a été incorporé. Autrefois inculte, elle a dû être défrichée, soulevée, remuée, engraissée, et c'est grâce à ce travail humain incorporé qu'elle est devenue productive.

Si aujourd'hui les uns possèdent de grandes étendues par rapport à d'autres qui possèdent peu ou ne possèdent rien, cette différence ne vient pas de ce que les auteurs des premiers ont originairement occupé une plus grande surface du sol que les seconds, mais la cause en est plutôt dans ce fait que les uns ont mieux cultivé et mieux épargné que les autres.

Sans doute, diront les collectivistes, mais il faut

remarquer que la terre tire sa valeur non pas seulement du travail qui lui a été incorporé par son propriétaire actuel, mais aussi et surtout du travail qui lui a été appliqué soit par des propriétaires antérieurs, soit par des employés salariés. En d'autres termes, il ne faut pas perdre de vue que, selon la forte expression de Michelet, ce sont les générations successives qui ont fait la terre « en y mettant les os des morts et la sueur des vivants ».

Que si semblable objection était nettement formulée, nous pourrions nous contenter d'y opposer une fin de non-recevoir, puisque, d'après les socialistes, la confiscation doit atteindre aussi bien la propriété fruit du travail personnel que la propriété fruit du travail d'autrui [1].

Mais supposons l'objection conforme aux données socialistes.

Si on admet que le fruit du travail personnel est essentiellement respectable et sacré, on doit bien aussi reconnaître à celui qui en est le propriétaire le droit d'en disposer comme il lui plait, de le gaspiller, s'il en a la fantaisie, ou de le transmettre à un autre individu.

D'autre part, le fait d'utiliser à son profit et moyennant rémunération le travail des salariés n'implique nullement l'idée d'une spoliation. Un homme m'offre son travail moyennant le prix de 5 francs par journée. Je l'accepte. Où est le vol? Direz-vous que la rémunération est insuffisante? Mais c'est là une question d'espèce, et vous ne pouvez, à cet égard, rien affirmer d'une manière générale.

---

1. Voir plus loin, p. 113.

## § 3. — La rente du sol.

Le second argument invoqué par les partisans de la nationalisation du sol consiste à dire : la terre cultivée donne un produit dont la valeur n'est pas seulement l'équivalent du travail de culture, mais est bien supérieure à ce travail. En d'autres termes, la valeur du produit dépasse la valeur du travail. Cet excédent constitue une rente gratuite au profit du propriétaire. Il y a là une libéralité de la nature dont il n'est pas juste qu'un certain nombre d'individus puissent jouir à l'exclusion des autres.

Que le sol produise souvent au delà de ce qui est nécessaire pour entretenir la force de travail utilisée dans la culture du sol, cela n'est guère contestable. C'est ce qui explique qu'un propriétaire, qui ne prend aucune part à l'exploitation de son domaine, trouve des fermiers qui consentent à lui servir une rente annuelle.

Mais on aurait tort de croire qu'un semblable phénomène est général et il faut reconnaître aussi que, dans bien des cas, la terre ne produit pas de valeurs supérieures à la valeur du travail qu'elle incorpore. Que de familles de paysans vivent sur un petit domaine dont elles tirent leur subsistance, mais rien autre chose, et sur lequel elles s'épuisent cependant de travail !

De plus, faut-il, là où la rente existe, considérer qu'elle ne doit point, en bonne justice, revenir au propriétaire ? On dit : la rente est une libéralité gratuite de la nature. C'est inexact. S'il y a des terres neuves d'une grande fertilité, il faut remarquer, en sens inverse, qu'il y a des terres d'autant plus fécondes qu'elles ont été plus longtemps cultivées. Si donc ces dernières rémunèrent avec largesse le travail actuel, à quoi cela tient-il? Cela tient au travail que les générations précédentes leur ont consacré. La rente n'est pas alors une libéralité : elle est une restitution.

Au reste, il serait absurde de soutenir que la collectivité doit profiter de tous les avantages dont, en fait, la nature ne fait profiter que quelques individus.

Tout effort de production est fatalement aidé par la nature. Le forgeron qui travaille le fer se sert bien de ses bras, de ses outils et des matières premières; mais, s'il n'avait que ses bras, ses outils et les matières premières, il ne ferait rien. Pour utiliser ses outils, il a besoin des lois de la pesanteur qui lui permettent de soulever et de laisser retomber son marteau; pour utiliser les matières premières, il a besoin de la chaleur qui les rend plus malléables. Et cependant qui a jamais eu l'idée de dire au forgeron : « Vous devez une part du produit de votre travail à la collectivité, parce que, dans ce travail, la nature, qui doit distribuer également ses faveurs entre tous ses enfants, vous a aidé? »

Nous ajouterons qu'en fait la collectivité profite de la rente du sol. L'augmentation de la rente coïncide, en effet, avec l'augmentation des impôts. L'une et l'autre sont déterminées par les mêmes causes, notamment l'accroissement de population.

## § 4. — La plus-value du sol.

Henry George a particulièrement insisté sur ce fait que, la terre augmentant de valeur par suite de phénomènes indépendants de l'individu et dont, par conséquent, celui-ci ne doit pas seul profiter, le seul moyen de permettre à la collectivité de bénéficier de cette plus-value, c'est de socialiser la terre.

Parmi ces phénomènes sociaux que les Allemands appellent des *conjonctures sociales*, Henry George cite l'accroissement de population, qui a pour conséquence d'élever la valeur des terres. Vous achetez une terre dans le voisinage d'une ville, constate-t-il; cette ville prend plus d'extension : immédiatement votre terre augmente de valeur.

« Allez acheter promptement ce morceau de terrain, dit-il, et prenez-en possession. Et si, en effet, vous avez la sagesse de suivre mon conseil excellent, vous n'avez plus besoin de rien faire d'autre. Vous pouvez vous coucher sur votre terrain et y fumer votre pipe : vous pouvez vous promener tout autour comme le lazzarone de Naples ou le lepero de Mexico; vous pouvez planer au-dessus en ballon ou dormir au-dessous dans un trou; et, sans remuer le doigt, sans ajouter un iota à la richesse générale, dans dix ans vous serez devenu riche. Dans la cité nouvelle, il y aura un palais pour vous ; il est vrai aussi qu'il y aura probablement aussi un hospice pour les pauvres [1]. »

Oui, sans doute, si la ville voisine se développe dans de grandes proportions, je m'enrichirai ; mais si, au contraire, elle diminue d'importance, la va-

1. *Progress and Poverty.*

leur de ma terre baissera, et, par conséquent, je m'appauvrirai.

En d'autres termes, mes prévisions peuvent ne pas se réaliser : je cours des risques. Est-ce que ces risques ne légitiment pas le bénéfice que je puis faire dans certains cas ?

Et si vous vous opposez à ce que ce bénéfice soit exclusivement individuel, je vous demanderai alors pourquoi vous prétendez le résoudre en un bénéfice collectif, c'est-à-dire en un bénéfice pour tous. Car, enfin, l'accroissement de population n'est pas un phénomène dû à la collectivité tout entière : il n'est que le fait d'un nombre limité d'individus. Et, par conséquent, le propriétaire du sol devrait compte de la plus-value non pas à la collectivité, mais seulement aux nouveaux venus dans la population.

Irait-on jusqu'à soutenir une semblable conclusion? Mais alors où s'arrêterait-on ?

Faisons une supposition. Vous amenez un bœuf sur un champ de foire, pour le vendre. Si un seul acquéreur se présente, vous lui cédez votre bœuf pour 400 francs. Si, au lieu d'un acquéreur, il s'en présente dix, vous vendrez l'animal un prix plus élevé, mettons 500 francs. Il y aura donc eu une plus-value de 100 francs due uniquement à la présence sur le marché de neuf nouveaux acquéreurs possibles. Viendra-t-on dire cependant que cette plus-value de 100 francs doit être partagée entre ces neuf individus ?...

On voit à quelles conclusions ridicules on aboutirait si l'on voulait prendre pour point de départ la théorie de la plus-value du sol développée par Henry George et si l'on voulait tirer de cette théorie toutes les conséquences qu'elle comporte.

# DEUXIÈME PARTIE

---

## TRANSFORMATION
## DE LA PROPRIÉTÉ INDIVIDUELLE
## EN PROPRIÉTÉ COLLECTIVE

Si — contrairement à ce que nous venons d'indiquer — il était vrai que, dans la société actuelle, le capitaliste ra fatalement et toujours un exploiteur, faudrait-il, sans autre forme de procès, admettre la nécessité d'une transformation de la propriété privée des moyens de production en propriété sociale ?

Nous ne le pensons pas.

Nous accepterions peut-être une pareille conclusion, s'il était établi, au surplus, que l'expropriation des propriétaires actuels serait juste, serait possible, et que la nouvelle organisation sociale qui en résulterait marquerait un progrès sur l'organisation d'aujourd'hui.

Mais rien de cela n'est démontré.

Et nous allons voir, dans cette seconde partie, que — malgré leurs subterfuges et malgré l'équivoque dont ils aiment à s'envelopper — les socialistes tendent à une confiscation générale, laquelle n'est ni juste ni possible.

# CHAPITRE PREMIER

## QU'EST-CE QUE LA COLLECTIVITÉ

Où sont les limites de la collectivité? — Il y aura toujours quelqu'un de frustré. — L'exemple de Monaco.

Une première question se pose.

Quelles sont les limites de cette collectivité qui doit — d'après les vœux socialistes — se substituer au propriétaire individuel?

Sont-ce des limites numériques, en ce sens qu'il faudra un, dix ou vingt millions d'individus pour la constituer? — Sont-ce des limites morales ou économiques, comme celles des nations? — Sont-ce des limites géographiques, comme celles des États ou des communes?

L'accord n'est point fait entre les théoriciens socialistes sur ce point fondamental. Mais, au fond, que nous importe?

Quels que soient le nom, la nature et l'étendue de cette collectivité, elle n'embrasse jamais qu'une portion de l'humanité, et dès lors, nous disons aux collectivistes : Vous prétendez que les moyens de production, le sol notamment, ne sont la propriété légitime de personne en particulier et doivent appartenir à tous, et vous parlez d'attribuer la propriété de ces moyens de production à un nombre limité d'individus, à l'exclusion d'un certain nombre d'autres! N'y a-t-il pas là quelque chose d'absolument contradictoire et illogique?

Vous allez décider, en effet, que tous les biens compris dans les limites d'une commune ou d'un État seront la propriété indivise de tous les membres de cette commune ou de cet État. Mais il y a des individus qui habitent de l'autre côté de vos frontières. Que faites-vous de leur droit de copropriété?

Vous les dépouillez, ces hommes-là!

Il y a dans le monde environ 1 milliard 441 millions d'hommes[1]. Supposez l'établissement de la propriété collective dans la principauté de Monaco qui compte 13,300 habitants. Voilà 13,300 hommes qui s'approprient exclusivement ce qui, d'après les principes socialistes, appartient à 1 milliard 441 millions d'hommes.

---

1. Chiffre donné par M. Groffier dans son *Planisphère des croyances catholiques et des missions chrétiennes.*

# CHAPITRE II

## ÉTENDUE DE LA CONFISCATION

### § 1. — Confiscation de tous les moyens de production.

Ce qu'il faut entendre par objets de production. — Les objets difficiles à classer.

### § 2. — Nouvelle tactique des socialistes vis-à-vis des paysans.

Nécessité de ménager les 8 millions et demi de propriétaires. — Nouvelle attitude des socialistes aux Congrès de Marseille, Nantes, Roubaix.

### § 3. — Distinction entre la grande et la petite propriété.

Théoriquement, cette distinction ne peut pas se justifier. — En fait, elle manque du criterium indispensable. — L'étendue. — La valeur. — On n'améliorerait plus ses terres.

### § 4. — Distinction entre la propriété cultivée par son propriétaire et celle non cultivée par lui.

Hypocrisie des socialistes. — Leur mépris pour la propriété fondée sur le travail personnel. — Frappera-t-on tous ceux qui emploient des salariés? — Ou seulement ceux qui ne prennent aucune part à la culture? — Les inconvénients des deux systèmes.

### § 5. — DISTINCTION ENTRE LA PROPRIÉTÉ FRUIT DU TRAVAIL PERSONNEL ET CELLE NÉE DE L'EXPLOITATION DU TRAVAIL D'AUTRUI.

Impossibilité pratique de faire la distinction. — Arbitraire inévitable.

### § 6. — LA VÉRITABLE PENSÉE DES SOCIALISTES.

Les socialistes ont toujours attaqué la petite propriété et dit qu'il fallait socialiser tous les moyens de production. — La nouvelle tactique a soulevé dans le camp socialiste de très vives protestations. — Ceux qui prêchent cette tactique reconnaissent que toute propriété privée doit disparaître.

## § 1. — Confiscation des moyens de production.

Les collectivistes déclarent vouloir socialiser « tous les moyens de production ».

Que faut-il entendre par moyens de production?

Cette expression embrasse tout ce qui sert à produire, par opposition à ce qui est simplement consommé ou sert à l'usage personnel. Elle s'applique, par conséquent, au sol, aux usines, aux machines et outils de travail, aux banques, à l'argent. De tels objets sont évidemment objets de production parce qu'ils apportent plus ou moins directement un revenu à celui qui les possède.

Mais, à côté d'eux, n'y en a-t-il point dont le caractère est douteux et qui sont à la fois objets de production et objets de consommation, ou tantôt l'un et tantôt l'autre? Le grain de blé sera objet de production, si on le sème; il sera objet de consommation, si on en fait du pain[1]. La maison sera objet de production si on la cède moyennant redevance à un locataire ; elle sera objet de consommation — en admettant avec la plupart des collectivistes que l'usage personnel est un mode de consommation — si on l'habite soi-même ou si on y loge sa famille. L'aiguille à coudre est objet de consommation entre les mains de la mère de famille qui raccommode le linge de sa maison ; mais si cette mère de famille s'en sert pour raccommoder, moyennant rémunération, le pantalon de son voisin, l'aiguille devient moyen de production[2].

On pourrait multiplier les exemples. Ceux-là suffisent à établir que le rêve collectiviste repose sur une distinction vague, imprécise, et qu'un jury chargé de classer en deux catégories distinctes les moyens de production et les objets de consommation se heurterait, à chaque pas, contre d'insurmontables difficultés.

## § 2. — Nouvelle tactique des socialistes vis-à-vis des paysans.

Certains socialistes se sont aperçus, ces dernières années, qu'en proclamant sur tous les toits la néces-

---

1. D'ailleurs, comment concevoir que les individus puissent être propriétaires du blé, dans le régime socialiste, puisqu'ils ne sauraient, en aucun cas, être propriétaires de la terre qui produit ce blé ?

2. « Une femme qui, avec une aiguille raccommoderait, moyennant salaire, le pantalon de son voisin, pourrait, en régime collectiviste, être l'objet d'un procès-verbal et d'une condamnation. » — PAUL LEROY-BEAULIEU. *Le Collectivisme*, 2e édit., p. 72.

sité de la mise en collectivité de tous les moyens de production, ils effrayaient une partie de leur clientèle; et ils ont alors résolu d'atténuer un peu la rigueur du programme.

Le raisonnement qu'ils se sont fait est très simple.

Il y a, en France, environ 8 millions et demi de propriétaires[1]. Beaucoup de ces propriétaires ont une famille, et par conséquent le chiffre de 8 millions et demi ne représente qu'une fraction des personnes profitant de la propriété. Si on suppose, d'après les statistiques officielles, que la moyenne est de deux enfants, il faudra multiplier par quatre pour avoir le nombre de Français vivant en tout ou partie des avantages de la propriété. On arrive ainsi à un chiffre de 34 millions. Tant qu'on parlera à ces 34 millions d'individus de confisquer tous les moyens de production qu'ils possèdent ou dont ils jouissent, le parti collectiviste est condamné à rester le parti d'une infime minorité.

Il faut donc changer de langage et chercher à gagner une partie au moins de ces propriétaires.

---

1. L'*Enquête décennale de* 1882 fournit les chiffres suivants :

| | |
|---|---|
| Propriétaires ruraux.......... | 4.835.246 |
| Propriétaires non ruraux..... | 3.618.972 |
| Total.......... | 8.454.218 |

Ces chiffres ont été produits à la Chambre des députés par M. Deschanel (10 juillet 1897. *Officiel* du 11, p. 1934), et par M. Deville (6 novembre 1897. *Officiel* du 7, p. 2317).

Sur le chiffre total de 8.454.218 propriétaires, la statistique du ministre du commerce de 1886, et des économistes tels que MM. Levasseur, Grondeau, Maurice Block, estiment que le nombre des petits propriétaires fonciers, c'est-à-dire de ceux qui possèdent moins de 10 hectares, atteint à peu près 4 millions. Un socialiste, Adrien Weber, proposait, dans la *Revue socialiste*, le chiffre de 3.845.000

Telle est la conclusion pratique à laquelle ont abouti les constatations des socialistes.

Aussi, voyons-nous le Congrès de Marseille, en 1892, prendre carrément la résolution de changer de tactique et de ménager désormais les paysans.

Le Congrès de Roubaix (avril 1894) adopte à l'unanimité de ses membres un rapport où il est dit : « les *grandes* propriétés seront expropriées[1]. »

Le Congrès de Nantes (1895) vote des résolutions qui s'inspirent du même esprit.

Dans d'autres Congrès, les orateurs socialistes ne cachent pas les raisons qui les poussent à changer d'attitude vis-à-vis des paysans.

Liebknecht — qui est, avec Bebel, le chef le plus autorisé du parti socialiste allemand — fait la déclaration suivante au Congrès de Halle :

« Les paysans tiennent étroitement à leur propriété. Un décret d'expropriation les exciterait à la plus violente résistance, peut-être à une rébellion ouverte. *Il faut donc procéder avec eux avec la plus grande précaution.* »

« Il faut, s'écrie à son tour Vollmar au Congrès de Francfort (octobre 1894), *il faut, à l'égard des paysans, changer complètement notre façon d'agir. Il faut brûler d'abord toutes les vieilles brochures dont nous nous sommes servis pour la propagande industrielle*[2]. »

Et Vandervelde, le leader du collectivisme en Belgique, exprime la même idée dans son rapport sur la question agraire au Congrès international de Londres, au mois de juillet 1896 :

« Tous les délégués, dit-il, sont partisans de la socialisation du sol. Mais comme dans certains pays, par

---

1. *Compte rendu officiel du 7e congrès national du parti ouvrier*, p. 18.
2. *Revue socialiste*, novembre 1894, p. 632.

exemple en France et en Belgique, il y a des millions de petits propriétaires qui ne veulent pas laisser socialiser leurs terres, il faut *qu'on s'y prenne avec eux d'une autre façon.* »

Nous allons voir de quelle façon, ou plutôt de quelles façons, on s'y est pris.

## § 3. — Distinction entre la grande et la petite propriété.

Les uns ont dit : nous n'en voulons qu'à la grande propriété, et nous sommes fermement décidés à respecter la petite.

« Cette petite propriété, s'écrie Gabriel Deville, dans son discours sur la crise agricole, n'a pas de défenseurs plus sincères, plus chauds et plus logiques avec eux-mêmes que les collectivistes [1]. »

Très bien. Mais sur quoi basez-vous votre distinction et par quelle considération la légitimez-vous? S'il est vrai, comme vous le prétendez, que toute propriété privée s'analyse en une usurpation opérée ou maintenue par un individu au préjudice de la collectivité, pourquoi la petite propriété serait-elle plus respectable que la grande?

Gabriel Deville s'est efforcé de nous donner une explication à cet égard.

« D'une façon générale, a-t-il dit, là où il y a une petite propriété, il y a propriété individuelle ; là où il y a grande propriété, il y a propriété capitaliste [2]. »

Or, la propriété individuelle, c'est celle qui

1. Chambre des Députés, séance du 6 novembre 1897. *Officiel* du 7, page 2325.
2. *Id.*, p. 2322.

n'exploite pas le travail d'autrui, tandis que la propriété capitaliste, c'est celle qui vit de prélèvements continuels sur ce travail d'autrui.

En d'autres termes, au-dessus d'un certain minimum d'importance, la propriété revêt le caractère odieux de capital :

« Si l'on recherche pourquoi, dans le milieu social, des moyens de production ont la qualité de capital, et pourquoi d'autres n'ont pas cette qualité, on constate que ce sont de simples changements dans la quantité, arrivés à un certain point, qui entraînent cette différence de qualité [1]. »

De sorte que, quand le développement de la propriété privée arrive à un certain point, il a immédiatement ce résultat de rendre illégitime ce qui était parfaitement légitime.

Il faut reconnaître que jusque-là l'explication fournie par Gabriel Deville ne satisfait pas tout à fait le bon sens.

Supposons cependant qu'elle le satisfait. Supposons qu'il y a une grande propriété qui doit être confisquée et une petite propriété qui doit être respectée. Qui nous donnera l'étalon indispensable pour distinguer l'une de l'autre? Quel sera le criterium qui permettra de dire : « Ceci rentre dans le domaine de la grande propriété; cela est du domaine de la petite »?

Sera-ce l'étendue? Dira-t-on, par exemple, qu'il

1. Ch. des Députés, 6 nov. 1897. *Officiel* du 7, p. 2322. — Jaurès exprimait la même idée à la Chambre, le 3 juillet 1897, lorsqu'il disait : « Entre la grande propriété et la propriété paysanne, il n'y a pas seulement une différence de surface et de degré, mais en quelque mesure, une différence de nature, l'une étant une forme de capital, l'autre une forme de travail. » (*Officiel* du 4 juillet.)

faudra supprimer toute propriété d'une contenance supérieure à 10 hectares[1] ?

Pour admettre un semblable criterium, il faudrait que l'étendue fût en raison directe de la valeur de la propriété. Or, tout le monde sait qu'à superficie égale, il y a des terres qui valent 10 et 100 fois plus que d'autres.

Ainsi que le faisait remarquer M. Deschanel à la Chambre, avec un hectare dans la banlieue de Paris ou de Lyon, on peut entretenir une famille tout entière, tandis qu'avec un hectare dans la Crau, on meurt de faim.

Sera-ce la valeur? Mais, s'il est facile de constater d'une manière générale qu'il y a des terres qui valent plus que d'autres, pensez-vous pouvoir jamais arriver à établir d'une manière exacte — et il faudra qu'elle soit absolument exacte pour être juste — la valeur respective de toutes les propriétés foncières de France?

Et puis, croyez-vous que le propriétaire consentira à améliorer sa terre, à la rendre plus productive, le jour où il sera certain que, s'il augmente la valeur de cette terre, elle lui sera confisquée? « Je prends une commune rurale où il y

---

1. Les statistiques officielles divisent la propriété en 3 catégories : 1° petite propriété : 0 à 10 hectares. — 2° moyenne propriété : de 10 à 40 hectares. — 3° grande propriété : 40 hectares et au-dessus. On a beaucoup discuté sur l'importance respective de ces trois catégories. L'enquête de 1882 donne les chiffres suivants : sur une superficie totale de 49.561.000 hectares, la petite propriété en comprend 17.573.000, la moyenne 12.758.000 et la grande 19.230.000. Mais il faut remarquer que ce dernier chiffre comprend près de 6 millions d'hectares appartenant à l'État, aux départements ou aux communes, et environ 3 ou 4 millions d'hectares consistant en terrains inutilisables, landes, tourbières, grèves, marécages, etc.

à deux vignerons possédant deux vignobles de même valeur. Ces deux vignobles ont tous deux été phylloxérés. L'un des deux vignerons s'est mis courageusement à l'œuvre : il a reconstitué sa vigne; il lui a donné une valeur nouvelle grâce à des sacrifices considérables. L'autre, au contraire, n'a rien fait, il est resté dans l'inaction et n'a pas augmenté la valeur de son vignoble. Eh bien ! si vous tenez compte de la valeur actuelle, le premier vignoble sera socialisé, le second ne le sera pas. C'est là un singulier moyen d'encourager les initiatives privées et de mettre un terme à la crise agricole [1]. »

Les socialistes, on le voit, n'ont aucun criterium pour établir une ligne de démarcation entre la petite propriété et la grande. S'ils en avaient un, nous repousserions encore le système auquel il servirait de base, car rien ne nous assurerait que l'étalon admis par le gouvernement d'aujourd'hui le serait aussi par le gouvernement de demain.

## § 4. — Propriété cultivée par son propriétaire et propriété non cultivée par lui.

Jaurès — imité d'ailleurs par un certain nombre de collectivistes — a proposé une autre distinction.

« La nation, écrit-il, ayant la propriété souveraine de la terre, confirme dans leur possession ceux qui cultivent eux-mêmes la terre, ou plutôt elle rend effective et réelle pour eux la propriété qui n'est bien souvent aujourd'hui qu'apparente et illusoire. »

Voici une distinction qui semble avoir pour fon-

1. Rose. — Discours prononcé à la Chambre des Députés, le 13 novembre 1897. *Officiel* du 14, p. 2414.

dément cette idée que le travail personnel seul donne un caractère sacré et intangible à la propriété. Est-ce à dire que Jaurès et ses amis éprouvent du respect pour la propriété fondée sur le travail personnel?

Nous verrons tout à l'heure qu'il n'en est rien [1].

Pour l'instant, demandons-nous si la distinction proposée par eux entre la propriété cultivée par son propriétaire et celle cultivée par des salariés peut être raisonnablement défendue.

Il faudrait d'abord s'entendre sur le point de savoir si la dépossession atteindra tous les propriétaires qui emploient des salariés — domestiques, métayers ou fermiers — ou seulement ceux qui ne prennent eux-mêmes aucune part à la culture de leur bien.

Frappera-t-on tous ceux qui, dans une plus ou moins grande mesure, emploient des salariés, et sacrifiera-t-on, par conséquent, le propriétaire qui, tout en faisant valoir lui-même, emploie des auxiliaires, ce propriétaire-cultivateur que Karl Marx appelait « un être hybride, une chose intermédiaire entre capitaliste et travailleur, un petit patron [2] »?

Si c'est ainsi que doit s'interpréter la pensée des socialistes, il faut reconnaître que bien peu nombreux seront les privilégiés qui échapperont à l'expropriation. « Vous n'ignorez pas, disait M. Méline, que les trois quarts des petits propriétaires sont condamnés par la force des choses, si petits qu'ils soient, à faire appel à chaque instant à la main-d'œuvre d'autrui, les uns pour les moissons, les autres pour la fenaison, d'autres enfin pour la vendange. Partout chez les

---

1. Voir plus loin, p. 115.
2. *Le Capital*, trad. de Roy, p. 133.

petits propriétaires vous trouverez des salariés. Vous allez, par conséquent, englober dans la propriété collective l'immense majorité des petits propriétaires que vous prétendez sauver [1] ».

Autorisera-t-on, au contraire, comme le prétend Deville, l'emploi des salariés pourvu que le propriétaire prenne lui-même part à l'exploitation [2]?

Nous demanderons alors aux socialistes sur quoi ils se fondent pour déclarer illégitime et par conséquent susceptible d'appropriation collective la propriété qui n'est pas cultivée par son propriétaire.

Voici un pauvre homme qui a cultivé son champ toute sa vie et qui, arrivant au seuil de la vieillesse, les bras usés au contact des charrues, se voit trahi par ses forces et se trouve dans l'obligation de donner son champ à cultiver à un autre. Pouvez-vous dire qu'il n'a pas bien gagné les quelques sous qui lui seront donnés en échange de sa terre et assureront le repos de ses derniers jours?

Cette prétention de faire considérer comme illégitime la propriété, pour la seule raison que la culture en est abandonnée à des métayers ou des fermiers, « c'est la vieille idée du moyen-âge, idée également contraire à la justice et à la civilisation : à la justice, parce qu'en mettant votre bien à ma disposition, vous me rendez un service qui mérite récompense; et à la civilisation, parce que si les

---

1. Chambre des Députés, séance du 13 nov. 1897. *Officiel* du 14, p. 2422.

2. « Même là où il y a possession suffisante pour pouvoir occuper des salariés, mais insuffisante pour dispenser le possesseur de mettre la main à l'œuvre, nous n'avons pas à faire à un véritable entrepreneur. » *Id.*

capitaux ne rapportaient plus rien, on ne se donnerait plus la peine de les créer [1]. »

Si cette prétention était légitime, elle aurait, au surplus, le défaut capital de n'être point susceptible d'être réalisée, car du jour où il serait décidé que les propriétaires ne prenant aucune part à l'exploitation de leurs biens seront expropriés, tous les propriétaires s'arrangeraient pour être considérés comme cultivant leurs terres.

Sur 4.835.246 propriétaires ruraux, il y en a actuellement en France 1.309.904 qui n'exploitent pas eux-mêmes [2]. Ceux-ci font exploiter, soit par des métayers, soit par des fermiers. Il leur sera bien facile de confier la direction de leurs biens à des régisseurs qu'ils feront passer pour de simples auxiliaires et qu'ils seront censés surveiller de près. Et, du coup, ils seront à l'abri de la confiscation.

L'application de ce système aurait donc pour conséquence inévitable de n'atteindre personne.

### § 5. — Propriété fruit du travail personnel et propriété fruit de l'exploitation du travail d'autrui.

« L'économie politique, écrivait Karl Marx, cherche en principe à entretenir une confusion des plus commodes entre deux genres de propriété privée bien distincts : la propriété privée, fondée sur le travail personnel et la propriété capitaliste

1. Deschanel. — Chambre des députés, séance du 10 juillet 1897. *Officiel* du 11, p. 1911.
2. Statistique résultant de l'*Enquête décennale de* 1882.

fondée sur le travail d'autrui, oubliant à dessein que celle-ci, non seulement forme l'antithèse de celle-là, mais qu'elle ne croît que sur sa tombe [1]. »

Un auteur socialiste dont le nom n'est guère connu, mais dont les ouvrages encombrent les bibliothèques de nos gares, et qui signe Arcès-Sacré, s'est sans doute souvenu de cette distinction posée par Marx, lorsqu'il a soutenu que, seule, la propriété née de l'exploitation du travailleur doit être expropriée, tandis que la propriété née du travail personnel doit être respectée :

« Cette propriété, fruit du travail personnel, est bien de droit naturel. Je veux cette propriété, fruit de mon travail, entière et sans réserve. Personne n'y touche sans mon consentement. Je la défendrai comme la bête dans les bois défend sa proie qui est également le fruit de son travail... En résumé, je me ferai le plus intrépide défenseur de la propriété légitime, et je considérerai comme ennemi de cette propriété quiconque voudra m'en ravir une parcelle par la force, la fraude ou la ruse [2]. »

En réalité, la distinction proposée par Arcès-Sacré se rapproche beaucoup de celle qui consiste à séparer la grande et la petite propriété, puisque nous avons vu Deville légitimer la confiscation de la grande en disant qu'elle est le fruit de l'exploitation de l'homme par l'homme. Elle se rapproche aussi de la distinction entre la propriété cultivée par son propriétaire et la propriété cultivée par des salariés, en ce sens que la propriété ne peut être le résultat de l'exploitation des travailleurs qu'autant qu'elle a occupé des salariés.

---

1. *Le Capital*, traduction de Roy, p. 343.
2. ARCÈS-SACRÉ. *Lois socialistes de la propriété*, p. 16 et 17.

Cependant, une propriété peut n'être plus cultivée par son propriétaire et être, malgré cela, le fruit du travail personnel de ce propriétaire. Il y a donc lieu de ne pas confondre le système d'Arcès-Sacré avec les autres.

Que vaut ce système?

Il se heurte, il se brise contre l'impossibilité où serait l'État collectiviste, le moment de l'expropriation venu, de déterminer quels biens ont été acquis par des prélèvements injustes sur le travail d'autrui, et quels biens ont été, au contraire, légitimement acquis. Admettre l'État à faire un semblable classement, serait ouvrir à deux battants la porte à l'arbitraire et à la fantaisie.

Au fond, la distinction posée en principe, pour rassurer quelques consciences hésitantes ou quelques intérêts alarmés, n'est autre chose qu'un trompe-l'œil, masquant le désir d'une spoliation illimitée.

Nous disons bien un trompe-l'œil. Car la pensée des socialistes d'atteindre même la propriété née du travail personnel s'est affirmée en quelque sorte trop officiellement pour qu'on puisse aujourd'hui croire à la sincérité de leurs protestations.

Le 27 janvier 1894, M. Raynal, ministre de l'intérieur, lisait, à la tribune de la Chambre, le passage suivant qui est d'Élisée Reclus :

« Quand nous aurons la force, laisserons-nous tous ces produits du labeur humain, les laisserons-nous dans les coffres-forts de l'héritier? Aurons-nous le respect de cette propriété ? Non, mes amis, nous prendrons tout cela : nous déchirerons ces papiers et plans, nous briserons les portes de ces châteaux, nous saisirons ces domaines.....

Et *cet autre, né pauvre*, sans parchemin, que nul flatteur ne vint admirer dans la cabane ou la mansarde paternelle, mais qui eut la *chance de s'enrichir par son travail* probe ou improbe. Il n'avait pas une motte de terre où il pût reposer sa tête, mais il a su, par des spéculations *ou des économies*, par les faveurs des maîtres ou du sort, acquérir d'immenses étendues qu'il enclôt maintenant de murs et de barrières? Respecterons-nous cette dernière propriété? Non. Cette dernière propriété, nous ne la respecterons pas plus que la première. Ici encore, quand nous aurons la force, nous viendrons mettre la main sur ces domaines et dire à celui qui s'en croit le maître : « En arrière, parvenu! tu n'as pas su travailler. Continue! Mais la terre que d'autres cultivent n'est pas à toi. Tu n'es plus le maître du pain. Ainsi, nous prendrons la terre, oui, nous la prendrons [1]. »

En entendant une telle déclaration, le groupe socialiste de la Chambre, qui déjà avait décidé de changer de tactique vis-à-vis des paysans, eût agi plus prudemment s'il se fût abstenu de toute manifestation. Mais il ne réfléchit pas à ces choses et il souligna de vifs applaudissements la lecture du passage d'Élisée Reclus. Le *Journal officiel* nous raconte même que Jaurès et plusieurs de ses amis s'écrièrent : « *Très bien!* » Et sur l'exclamation du ministre : « *Vous dites : très bien?* » Jaurès et ses collègues de reprendre plus fort : « *Oui, très bien!* [2] »

Objectera-t-on que de telles contradictions n'ont pas d'importance puisqu'elles viennent de Jaurès, c'est-à-dire d'un homme qui a successivement monté trop de gammes politiques, depuis l'opportunisme modéré jusqu'au collectivisme intransigeant, pour aspirer à représenter aujourd'hui les idées du parti socialiste ?

Soit. Mais Jaurès n'a pas été le seul à donner son

---

1. *A mon frère le paysan.*
2. Séance de la Chambre du 27 janvier 1894. *Officiel* du 28.

approbation aux théories d'Élisée Reclus. Et cette approbation, qui, chez lui, fut plus bruyante peut-être que chez d'autres, ne lui a pas apparemment aliéné les sympathies du parti socialiste, puisque, après avoir été repoussé par le suffrage universel, à Carmaux, le 8 mai 1898, il a vu ce parti se mettre presque à ses genoux, pour obtenir de lui qu'il veuille bien consentir à poser sa candidature dans une autre circonscription au scrutin de ballottage[1].

Ainsi donc, nous pouvons affirmer sans témérité que les collectivistes confondent dans la même haine la propriété fondée sur le travail d'autrui et la propriété fondée sur le travail personnel de son propriétaire.

---

1. Voici quelques citations qui donneront une idée des variations successives de Jaurès.

Dans le numéro de la *Dépêche* — un journal imprimé à Toulouse — du 12 novembre 1887, Jaurès jugeait ainsi les députés socialistes : « Plus d'une fois, les députés ouvriers qui arrivent au Parlement s'embourgeoisent vite, au mauvais sens du mot; ils perdent leur sève et leur énergie première, et il ne reste plus qu'une sorte de sentimentalité de tribune. »

Dans le numéro du 14 octobre 1888, il n'est pas plus tendre : « Prononce-t-on une parole en vogue, parle-t-on sans rien définir de la sociale, on est parfait... pour un quart d'heure. »

Jaurès était alors opportuniste. Dans le numéro du 2 juillet 1887, il parlait de ces opportunistes « qui travaillent non pas à agiter les formules démocratiques, trouvées depuis longtemps, mais à chercher des moyens pratiques de prompte réalisation; qui ont voté la loi de laïcité, la loi militaire et ont fait bon accueil aux revendications ouvrières. »

« L'opportunisme, dit-il, dans le numéro du 2 décembre 1888, a la conception du gouvernement, et seul il a le sentiment des nécessités d'un pouvoir fort dans une démocratie libre. »

## § 6. — La véritable pensée des socialistes. Confiscation générale.

Nous venons de voir que les atténuations proposées par certains socialistes au principe de la mise en collectivité générale des moyens de production ne peuvent pas être considérées comme sérieuses et qu'il ne serait matériellement pas possible de respecter une partie de la propriété en confisquant l'autre.

Nous allons voir maintenant que les opportunistes du socialisme qui se sont faits les vulgarisateurs de ces atténuations sont allés à l'encontre de la doctrine nettement et maintes fois affirmée par les docteurs les plus autorisés du parti collectiviste ; que la mise en œuvre de leur nouvelle tactique a soulevé des protestations générales dans le camp socialiste ; qu'enfin eux-mêmes ont été obligés de reconnaître que le fond de leur pensée restait fidèle au programme collectiviste, c'est-à-dire à l'idée d'une socialisation de *tous les moyens de production*.

Karl Marx, parlant de la petite propriété, écrivait :

« Ce régime industriel de petits producteurs indépendants, travaillant à leur compte, présuppose le morcellement du sol et l'éparpillement des autres moyens de production... Il n'est compatible qu'avec un état de la production et de la société étroitement borné. L'éterniser, ce serait, comme le dit pertinemment Pecqueur, décréter la médiocrité en tout [1]. »

---

1. *Le Capital*, trad. de Roy, chap. XXXII, p. 341.

On retrouve la même idée exprimée dans les ouvrages de Lassalle et de Henry George.

De son côté, Benoît Malon disait dans le *Nouveau parti* :

« Le travail pleinement productif n'étant possible dans la société que par la société, les moyens de production appartiennent à la société tout entière[1]. »

Et la *Revue socialiste* publiait du même Benoît Malon un article intitulé « L'évolution de la petite propriété et le socialisme », où il était affirmé que « le déclin de la petite propriété est bien visible » et que la forme individuelle de la propriété étant incapable de se plier aux conditions de la production doit forcément disparaître[2].

Dans le *Programme du parti ouvrier* rédigé par Paul Lafargue et Jules Guesde, nous trouvons à la fois la négation de la propriété individuelle et l'intention bien arrêtée de poursuivre la socialisation de tous les moyens de production, sans aucune exception :

« Considérant qu'il n'y a que deux formes sous lesquelles les moyens de production peuvent leur appartenir (aux producteurs) :

1° La forme individuelle qui n'a jamais existé à l'état de fait général et qui est éliminée de plus en plus par les progrès industriels ;

2° La forme collective dont les éléments matériels et intellectuels sont constitués par le développement même de la société capitaliste...

Les travailleurs français, en *donnant pour but à leurs efforts l'expropriation politique et économique de la classe capitaliste et le retour à la collectivité de tous les moyens de production*, ont décidé, etc... [3] ».

---

1. *Le Nouveau parti*, p. 14.
2. *Revue socialiste*, avril 1890, p. 421.
3. *Programme du parti ouvrier*, par PAUL LAFARGUE et JULES GUESDE, 1883, p. 2.

Jules Guesde avait d'ailleurs eu l'occasion d'exprimer sa pensée à cet égard. Dans son *Essai de catéchisme socialiste* publié en 1878, il écrivait :

« *Même réduite au produit net du travail individuel, la propriété individuelle ne saurait être maintenue.* »

Dans la *Revue socialiste*, il exprimait ses sympathies pour les paysans dans les termes suivants :

« A qui est-il permis d'ignorer que les ruraux ou païens d'autrefois ont toujours et partout été les derniers *souteneurs du passé* contre le présent et surtout contre l'avenir ! Impossible d'indiquer un seul progrès accompli dans quelque ordre que ce soit qui ne l'ait été contre la masse paysanne qu'il a fallu en quelque sorte violer pour l'amener à se laisser féconder[1]. »

Après d'aussi nettes déclarations, il n'est pas étonnant de constater que le socialisme agraire incomplet, préconisé par les congrès de Marseille et de Nantes, n'est pas parvenu à modifier le programme général du parti. Beaucoup de socialistes, notamment en Allemagne, ont protesté contre le nouveau système et l'ont bruyamment repoussé, déclarant qu'ils le considéraient comme une transaction coupable entre le capital et le travail.

Après les congrès de Marseille et de Nantes, Engels écrivait :

« Nos amis français sont les seuls dans le monde socialiste à tenter d'éterniser non seulement le petit propriétaire paysan, mais le petit fermier qui exploite le travail étranger... Si l'on *veut maintenir la petite propriété d'une façon permanente, on tente l'impossible, on sacrifie les principes, on devient réactionnaire.* »

1. *Revue socialiste*, janvier 1880.

Dans un autre article qui parut dans la *Neue Zeit*, quelques jours avant sa mort, en 1895, et qui fut comme son testament politique, Engels reprochait aux socialistes français de « *paraître déloyaux en ayant l'air de promettre aux paysans ce qu'ils savent ne pc pouvoir tenir* ».

Au congrès de Breslau, en 1895, Liebknecht essaya d'entraîner le parti socialiste allemand dans la nouvelle voie frayée par un groupe du parti socialiste français. Ses efforts furent vains. Le Dr Kautsky, directeur de la *Neue Zeit*, protesta énergiquement.

« Si on adopte le programme agraire défendu par Liebknecht, s'écria-t-il, il faut abroger le programme d'Erfurt qui dit que la petite propriété est vouée à la ruine...

... Quelles classes devons-nous protéger à la campagne ? Les journaliers, les domestiques, non le petit paysan qui est le plus ferme appui de la propriété. Nous ne les gagnerons pas, ces petits propriétaires. Nous ne les sauverons pas de la ruine. Nous devons leur dire : « Votre situation est désespérée. » Ne craignons pas de proclamer des vérités désagréables, au risque de nous aliéner des sympathies. »

Le Dr Schiepel fut encore plus dur :

« On ne peut pourtant pas, dit-il, favoriser des mesures réactionnaires pour gagner les paysans !... Les compagnons éprouvés du parti ne se laisseront jamais entraîner par un tel *manque de loyauté*... J'avais le devoir d'avertir nos jeunes compagnons de ne pas se laisser entraîner à ce *charlatanisme*. Les gens dont les affaires vont mal sont portés à s'adresser *aux faiseurs de miracle*, mais tâchons de ne pas laisser prendre le dessus dans notre parti à de *déloyaux charlatans... danseurs de corde...* et *dresseurs de pièges à paysans*. »

Le Congrès de Breslau repoussa le programme de Marseille par 158 voix contre 63.

Comme cet insuccès du socialisme agraire était rappelé à la tribune de la Chambre, au mois de novembre 1897, Jules Guesde protesta vivement en disant que le parti collectiviste français n'avait pas à se préoccuper des décisions prises par le parti collectiviste allemand[1].

On aurait pu faire observer à Jules Guesde que les socialistes allemands ne sont pas les seuls à blâmer le programme de Marseille, et on aurait pu lui opposer, notamment, les résolutions adoptées en juillet 1894 par le Congrès de Dijon où se trouvaient représentés 124 syndicats, fédérations ou groupes socialistes.

Dans ces résolutions, le Congrès de Dijon déclare préconiser

> « le retour immédiat à la collectivité de *toutes les propriétés terriennes*, sol et sous-sol, en tant que nue-propriété ».

En vérité, nous aurions tort d'insister sur une semblable démonstration, alors que ceux qui se posent en champion de la petite propriété sont les premiers à la discréditer et à affirmer qu'elle ne saurait durer longtemps dans l'organisation collectiviste.

Ils font, relativement à la propriété collective et à la propriété individuelle, le raisonnement que faisait Louis Blanc relativement aux ateliers nationaux et aux ateliers privés. Louis Blanc émettait l'avis qu'on pourrait autoriser les ateliers privés à exister, nonobstant la création d'ateliers nationaux, parce

1. « Il s'agit ici, dit-il, du parti collectiviste français et non pas du parti collectiviste belge, ni du parti collectiviste allemand. Breslau est en Allemagne. En quoi les décisions des congrès allemands importent-elles aux socialistes français ? » Séance du 13 novembre 1897 (*Officiel* du 14, p. 2413).

que les seconds feraient aux premiers une concurrence telle qu'elle ne serait pas longtemps soutenable. Nos socialistes disent à leur tour : ne socialisons pas toute la propriété privée ; laissons-en une partie entre les mains des individus : la concurrence faite par la propriété collective aura vite raison de la propriété individuelle survivante [1].

Nous avons cité plus haut Gabriel Deville et Jaurès, le premier pour avoir soutenu que la petite propriété devait être respectée, le second pour avoir déclaré seule susceptible d'appropriation collective la propriété cultivée par d'autres que son propriétaire. Eh bien, voici ce que ces deux hommes pensent de leur combinaison.

Écoutez d'abord Deville :

« La *petite propriété rurale est vouée à la disparition*, mais sa fin inévitable sera d'autant moins ruineuse pour les intéressés directs et pour la nation qu'on préviendra plutôt ce qui ne saurait être esquivé [2]. »

« En régime socialiste, vous garderiez votre petite propriété si telle était votre volonté ; mais si cette propriété ne vous rapportait pas, par suite des progrès techniques opérés dans la production sociale, vous pourriez, à votre gré, changer le mode de production et avoir à votre disposition les moyens de vie sociaux rapportant d'autant plus à chaque travailleur qu'il n'y aurait plus d'oisifs pour prélever la part du lion [3]. »

---

1. « Comment le petit propriétaire pourrait-il lutter avec le grand agriculteur qui a la chimie, la mécanique et la concentration du travail à sa disposition ? » Benoit Malon (*Revue socialiste* d'avril 1890, p. 440). — On sait que, dans la société collectiviste, le grand agriculteur serait l'Etat.

2. *Aperçu sur le socialisme scientifique* précédant le *Résume du « Capital » de Karl Marx*, p. 15.

3. Chambre des députés. Séance du 6 nov. 1897 (*Officiel* du 7, p. 2324).

« Le paysan propriétaire individuel de la terre qu'il cultive lui-même trouvera son bénéfice dans le nouveau régime, jusqu'au jour où, soit la nécessité résultant de la concurrence des grandes propriétés actuelles socialisées, soit les avantages réels qu'il verra découler de l'exploitation sociale du sol, *l'amèneront à renoncer à la propriété exclusive de son morceau de terre* [1]. »

Voici maintenant les mêmes aveux tombés de la bouche de Jaurès :

« Il est parfaitement vrai — nous le reconnaissons — que, même si elle subsistait, *la propriété paysanne serait obligée de se transformer* dans le régime socialiste, car c'est la communauté nationale qui achètera les produits; par conséquent, la petite propriété paysanne ne sera pas dans le même rapport avec le marché qu'elle l'est à l'heure actuelle...

Il n'y a qu'un moyen de libérer le prolétariat; c'est, partout où il y a divorce, où il y a séparation de la propriété et du travail, de remplacer ce qu'on appelle le capital, c'est-à-dire la propriété privée des moyens de production par la propriété sociale, commune ou collectiviste des moyens de production. Et sans faiblesse, sans hésitation, sachant bien que cette formule générale saura dans son unité s'adapter à la diversité des conditions économiques, *nous la proclamons pour le monde paysan comme pour le monde industriel* [2]. »

---

1. *Aperçu sur le socialisme scientifique* précédant le *Résumé du « Capital » de Marx*, p. 60.

2. Chambre des députés. Séance du 3 juillet 1897 (*Officiel* du 4).

Il est intéressant de remarquer que c'est dans le même discours que Jaurès parlait tantôt du respect dû à la petite propriété et tantôt de la nécessité de socialiser tous les moyens de production. M. Deschanel lui en fit le reproche dans les termes suivants :

« Dans un passage de son discours, M. Jaurès s'est prononcé pour l'expropriation générale, et ce sont bien là ses conclusions finales, mais dans un autre passage, il a dit aux petits propriétaires : « Vous qui vous servez de la terre comme d'un instrument de travail, gardez-la ! ». Ne dites donc pas que sur ce point il n'a tenu qu'un seul langage ! Il en a tenu deux, pour essayer

Donc, c'est une chose entendue. Ceux-là mêmes qui proposent les distinctions subtiles, insaisissables, dont nous avons parlé plus haut, confessent qu'ils n'y croient pas.

Dans ces conditions, la tactique rurale du socialisme a bien des chances de ne pas vivre longtemps. Ses promoteurs auront vainement « battu la campagne », et les paysans auront appris une fois de plus à se méfier des prophètes du paradis collectiviste.

Eh bien, — le croirait-on? — malgré les contradictions relevées au cours des citations précédentes, Gabriel Deville déclare, dans ses *Principes socialistes*, qu'il n'a jamais changé d'avis sur la question de a transformation de la propriété :

« Depuis juste seize années que notre théorie socialiste est développée en France, elle n'a jamais varié au sujet des petits producteurs. Ceux qui prétendent le contraire parlent d'après ce qu'ils imaginent et non d'après ce qui est. Je les mets au défi d'établir que nous n'avons pas toujours parlé de même, à propos, par exemple, de la propriété paysanne [1]. »

Voilà un défi tout relevé.

---

de mettre tout le monde d'accord dans son parti. » (Rires et applaudissements.)

Séance du 10 Juillet 1897 (*Officiel* du 11, p. 1.913).

1. *Principes socialistes*, p. 53.

## CHAPITRE III

### COMMENT S'OPÉRERAIT LA CONFISCATION

#### § 1. — Les moyens pacifiques

Suppression des héritages. — Impraticable. — L'État n'atteindrait rien.

Rachat des moyens de production. — Où trouverait-on l'argent?

#### § 2. — Caractères véritables de la confiscation.

Elle serait sans indemnité. — L'aveu de Jules Guesde.

Elle s'opérerait par la violence. — Ce que les socialistes entendent par le mot révolution. — Ils reconnaissent l'impuissance des méthodes pacifiques — Non seulement pour la conquête des pouvoirs publics, mais aussi pour la confiscation.

La transformation de la propriété privée des moyens de production en propriété collective s'accomplira-t-elle par des moyens pacifiques, ou au contraire consistera-t-elle en une mesure révolutionnaire ? Telle est la question qu'il convient maintenant d'examiner.

### § 1. — Les moyens pacifiques.

Il s'est trouvé des utopistes pour soutenir que la dépossession pourrait s'accomplir sans léser les droits des propriétaires actuels, ni par conséquent susciter leur résistance.

L'État, ont dit les uns, arrivera progressivement à accaparer tous les moyens de production en supprimant les héritages. A mesure qu'un individu décédera, ses biens, au lieu de passer entre les mains de ses héritiers, tomberont dans l'avoir commun administré par l'État.

Il y a quelque difficulté, semble-t-il, à concilier le respect du droit de propriété, c'est-à-dire du droit d'user à sa volonté d'une chose, avec la suppression de l'héritage, « cette main du père tendue à l'enfant par-dessus le mur du tombeau ».

Mais ce n'est pas à ce point de vue que nous voulons nous placer ici. Nous nous contenterons de faire ressortir les impossibilités pratiques d'un tel système, qui aurait fatalement pour inconvénient de demeurer inappliqué, ou de devenir désastreux.

De deux choses, l'une, en effet :

Ou bien les citoyens trouveraient, par des détours, le moyen de frauder la loi, en transmettant en sous-main leurs biens à leurs héritiers, et alors la mesure prise serait de nul effet; — ou bien les citoyens, étant assurés de ne pouvoir soustraire leur fortune aux recherches de l'État, s'appliqueraient à lui faire produire le plus possible, sans se préoccuper d'en conserver le capital, et alors ce serait, à plus ou moins longue échéance, la ruine assurée de ce capital.

Les agriculteurs qui écrivent ne manquent pas de dénigrer le système de fermage des terres, à raison précisément de ce fait qu'un fermier, préoccupé de tirer du sol, à bref délai, la plus grande somme de produits, appauvrit insensiblement ce sol. Combien, dans l'hypothèse de la suppression des héritages, cet inconvénient serait plus à craindre, de la part d'hommes ayant sur un fermier l'avantage de pouvoir cultiver sans contrôle ni surveillance et de pouvoir se dire que, loin de causer un dommage à autrui, ils usent d'un droit légitime !

D'autres ont proposé de racheter les objets de production. Oui ! seulement, pour racheter, il faut de l'argent, et il est bien évident que l'État n'aura jamais celui qui serait nécessaire pour payer aux individus une indemnité représentative de la valeur des biens cédés par eux.

Ainsi que l'indique un économiste anglais, Fawcett [1], l'État n'aurait qu'un moyen de se tirer de ce pas difficile : ce serait d'emprunter à un taux sensiblement inférieur à celui qui représente le revenu du capital mobilier. Or, ce capital ne rapportant pas plus de 2 $^1/_2$ %, tous frais déduits, qui consentira à prêter à l'État à un taux inférieur à celui-là ?

Mais, dira-t-on peut-être, nous n'entendons pas demander à l'État de remplacer d'un coup la valeur du capital : simplement, il devra payer une rente pendant un certain nombre d'années, quatre-vingt-dix-neuf années, par exemple.

1. *Manuel d'économie politique.*

La difficulté, pour être diminuée, n'en existe pas moins. La fortune immobilière de la France est, approximativement, évaluée à 120 milliards. Si l'État paie une rente, il faudra bien qu'elle soit au moins de 2 1/2 %. Or, à ce taux, il sera obligé de débourser tous les ans 3 milliards. Ces 3 milliards, où les trouvera-t-il?

Encore faut-il remarquer que les moyens de production ne sont pas tous des immeubles et que, par conséquent, leur valeur actuelle s'élevant à plus de 120 milliards, le taux de la rente serait supérieur à 3 milliards.

Et puis un tel système serait la consécration d'un principe diamétralement opposé aux théories socialistes. Elles disent, ces théories, qu'il n'est point juste qu'un capitaliste prélève un bénéfice sur son capital. Comment admettraient-elles que l'État servît annuellement à des hommes oisifs une somme d'argent qui leur reviendrait sans le moindre effort de travail?

## § 2. — Caractères véritables de la confiscation.

L'État n'a donc pas de moyens pacifiques de se substituer à l'individu, quant à la propriété des moyens de production. S'il veut supprimer cette propriété individuelle, il doit procéder à une véritable confiscation.

I. — Le premier caractère de cette confiscation, c'est qu'elle serait *sans indemnité.*

Nous venons de démontrer qu'il n'en pourrait être

autrement. Jules Guesde en a fait d'ailleurs trop formellement l'aveu pour qu'il soit superflu d'insister davantage.

« *L'expropriation avec une indemnité*, a-t-il écrit, *est une chimère autant et plus que le rachat*[1]. »

II. — D'autre part, cette confiscation ne pourrait s'accomplir que par la force.

Ici encore, les aveux des collectivistes ne manquent pas. Leurs Congrès n'hésitent pas à déclarer qu'il faut poursuivre l'expropriation « par tous les moyens[2] ».

« Une révolution seule, avouent Jules Guesde et Paul Lafargue, permettra à la classe productive de s'emparer du pouvoir politique et de le faire servir à l'expropriation économique de la petite France capitaliste et à la nationalisation ou socialisation des forces productives[3]. »

Qu'est-ce à dire : Révolution?

C'est là un mot vague par lui-même, élastique et très souple. Mais nous n'avons pas besoin de chercher bien loin pour découvrir le sens qu'y attachent les auteurs socialistes.

Ce même Jules Guesde écrivait dans un autre de ses ouvrages :

« Quelque regret qu'on puisse en éprouver, quelque pénible que paraisse aux natures pacifiques ce troisième et dernier moyen, nous n'avons plus devant nous que la *reprise violente* sur quelques-uns de ce qui appartient à tous, disons le mot : la *Révolution*[4]. »

---

1. *Collectivisme et révolution.*
2. Congrès du Havre. Novembre 1880.
3. *Programme du parti ouvrier*, par PAUL LAFARGUE et JULES GUESDE, 1883, p. 24.
4. *Collectivisme et révolution.*

C'est qu'en effet, aux yeux de Jules Guesde,

« Le suffrage universel n'est pas le moyen de réaliser cette société qui ne sortira que de la lutte [1] », « ce *suffrage universel* dont la plupart, hélas ! encore *dupes de la sophistique radicale*, persistent à attendre leur émancipation graduelle et pacifique [2]. »

Un jeune écrivain socialiste, J.-L. Breton, s'est laissé aller dans l'*Almanach de la question sociale pour* 1894 à des expansions encore plus éloquentes :

« Non, ce n'est pas de cette Révolution à l'eau de rose que nous voulons ; le mysticisme et la poésie de 48 ne sont plus de mode. *La Révolution que nous prônons et que nous voulons, c'est celle de* 93, *celle des Hébertistes, celle de* 71, *celle des communeux, celle qui fauche, qui désagrège tout ce qui lui résiste, qui va droit au but et ne se laisse pas arrêter par les singeries sentimentales et mystiques.*

« Citoyens ! pensez bien à cela, pour qu'au jour arrivé, *vous ne reculiez pas devant l'horreur des moyens* et que droit vous alliez au but [3]. »

Le doute n'est donc pas possible. La Révolution sur laquelle les collectivistes échafaudent leurs espérances n'est pas une révolution d'idées, mais une révolution de barricades, une révolution sanglante, imitée des massacres de septembre et des incendies de la Commune.

---

1. *L'Égalité* n° du 2 mars 1878.
2. *La République et les grèves* (1878).

De semblables déclarations, maintes fois renouvelées dans ses écrits, n'ont pas empêché Jules Guesde de s'écrier à la Chambre (séance du 25 juin 1896) : « Rien que par l'arme légale du suffrage universel, l'armée collectiviste deviendra fatalement et avant peu maîtresse du pouvoir, maîtresse de la République. »

Au reste, si l'on veut être édifié sur les contradictions dont la doctrine guesdiste est pleine, on pourra lire avec intérêt la brochure du compagnon Émile Pouget, intitulée : « *Variations guesdistes.* »

3. *Almanach de la question sociale*, 1894, p. 150.

Dans son *Aperçu sur le socialisme scientifique*, Gabriel Deville insiste, lui aussi, sur cette idée que l'emploi de la violence est nécessaire. Il en fait même l'objet d'un chapitre spécial intitulé : « Impuissance de toutes les méthodes pacifiques. »

Il nous explique que le développement de l'instruction est « incapable d'atténuer en quoi que ce soit l'exploitation de la classe laborieuse » et déclare que l'instruction aura seulement pour effet de pousser davantage à la révolte les exploités et qu'en ce sens « elle aura une heureuse action au point de vue révolutionnaire [1] ».

« Mais, conclut-il, si l'éducation de la classe ouvrière peut les pousser à employer la force pour hâter la solution nécessaire, elle est incapable de suppléer à cet emploi [2]. »

Plus loin, Deville exprime sa défiance pour le suffrage universel :

« La souveraineté sans la propriété n'est pas seulement inutile : elle est le plus perfide des pièges [3]. »

« *Prétendre obtenir par le suffrage universel une réforme sociale, prétendre arriver par cet expédient à la destruction de la tyrannie de l'atelier, de la pire des monarchies, de la monarchie patronale, c'est singulièrement s'abuser sur le pouvoir de ce suffrage* [4]. »

« Ce n'est pas l'entrée de quelques socialistes au Parlement qu'on doit avoir spécialement en vue, ce n'est pas à une action parlementaire quelconque qu'on doit viser, on ne doit chercher qu'à rallier la classe ouvrière éparpillée dans les divers partis républicains bourgeois, et à la séparer de ceux dont les intérêts économiques sont contraires aux siens. Procédé de groupement du prolét-

1. *Aperçu sur le socialisme scientifique* précédant le *Résumé du « Capital » de Karl Marx*, p. 40.
2. *Id.*
3. *Id.*, p. 44.
4. *Id.*, p. 46.

riat pour la lutte, le suffrage universel peut contribuer à accentuer la scission entre les classes confondues politiquement par lui, mais c'est là tout ce qu'il est capable de faire[1]. »

Aussi, partant du principe énoncé par Benoit Malon que « la *force est l'accoucheuse des sociétés nouvelles* [2], « Deville proclame-t-il énergiquement la nécessité d'employer la force pour réaliser la transformation sociale par lui rêvée :

« Si notre but, la socialisation des forces productives, est une nécessité économique, notre moyen, *la force, est une nécessité historique* [3]. »

« Bien que conforme aux conditions économiques du moment, une transformation sociale telle que l'abolition du prolétariat, actuellement, chez nous, *ne s'opère pas sans perturbation violente*... L'ordre de choses ancien, matrice de l'organisme supérieur appelé à le remplacer, ne subit pas sans résister l'éclosion des éléments nouveaux qu'il a engendrés : *tout enfantement est accompagné d'effusion de sang* [4]. »

« Qu'on le déplore ou non, *la force est le seul moyen de procéder à la rénovation économique de la société* [5]. »

« Les révolutionnaires n'ont pas plus à choisir les armes qu'à décider du jour de la Révolution. Ils n'auront, à cet égard, qu'à se préoccuper d'une chose, de *l'efficacité de leurs armes, sans s'inquiéter de leur nature*. Il leur faudra évidemment, afin de s'assurer des chances de victoire, n'être pas inférieurs à leurs adversaires, et par conséquent utiliser *toutes les ressources que la science met à la portée de ceux qui ont quelque chose à détruire* [6]. »

---

1. *Aperçu sur le socialisme scientifique*, p. 47.
2. Benoît Malon. *Le nouveau Parti.*
3. *Aperçu sur le socialisme scientifique*, p. 38.
4. *Id.*, p. 52.
5. *Id.*, p. 56.
6. *Id.*, p. 58.

Nous devons à la vérité de reconnaître que Deville a fait plus tard une profession de foi différente. Dans une réunion tenue au

En vain, cherche-t-on à établir une nouvelle distinction et à dire : nous reconnaissons que l'emploi de la violence sera nécessaire pour arriver à la conquête du pouvoir, mais nous n'admettons pas qu'il soit indispensable pour réaliser la transformation de la propriété individuelle en propriété collective, laquelle transformation pourra être l'œuvre d'une loi [1].

En effet, si pour s'emparer du pouvoir politique il a fallu faire violence à la majorité de la nation, c'est qu'il y aura eu résistance de la part des propriétaires. Or, cette résistance des propriétaires étant motivée

---

gymnase Pascaud, le 27 mai 1896, il a déclaré qu'il était partisan d'une méthode pacifique. Voici les paroles qu'on lui prête en cette occasion : « Jadis, j'ai pu croire à l'efficacité de la violence, j'ai pu avoir confiance dans la force brutale. Mais, comprenant que l'affranchissement du prolétariat devait être l'œuvre, non d'une minorité en révolte, mais d'une majorité consciente, je reviens sur ces écrits qu'on veut me reprocher... »

Une considération expliquera peut-être comment le loup féroce s'est subitement transformé en mouton pacifique. Le loup, ce jour-là, s'adressait aux moutons et leur demandait de vouloir bien le choisir pour berger. La réunion où fut fait cet examen de conscience était une réunion électorale. Gabriel Deville sollicitait un mandat de député devant les électeurs du 4e arrondissement. Décemment, il ne pouvait décrier le suffrage universel.

1. « La force ouvrière une fois maîtresse du pouvoir politique fera à son tour une légalité nouvelle et procédera légalement à l'expropriation économique de ceux qu'elle aura déjà violemment renversés du pouvoir. » DEVILLE. *Aperçu sur le socialisme scientifique*, p. 59.

« M. Rose a fait une confusion entre la conquête du pouvoir politique et la transformation de la propriété. » DEVILLE. Chambre des députés (*Officiel* du 14 novembre 1897, p. 2414).

« C'est légalement — nous l'avons toujours déclaré — c'est avec toutes les garanties légales que sera opérée la transformation sociale dont nous sommes les partisans. » Id. (*Officiel* du 7 novembre 1897, p. 2.321).

par la crainte d'une confiscation, non seulement ne désarmera pas le jour où le parti socialiste se sera emparé du gouvernement, mais plutôt s'accentuera et deviendra d'autant plus redoutable qu'elle sera désespérée.

Par conséquent, si les socialistes veulent confisquer, au profit de la collectivité, les moyens de production appartenant aux individus, il faudra bien qu'ils emploient la violence.

D'ailleurs le langage et l'attitude des socialistes ne leur permettent pas d'équivoquer sur une distinction aussi subtile.

Deville lui-même finit par s'embarrasser dans les mailles de sa casuistique :

« On verra, dit-il, si le paysan ne comprend pas le langage employé et si son égoïsme satisfait dans la large mesure que je viens d'indiquer n'assiste pas impassible à l'expropriation des grands propriétaires, et même à *quelque chose de plus*, pour le cas où ceux-ci auraient la maladroite inspiration de faire les récalcitrants [1]. »

Demandez au premier ouvrier socialiste que vous rencontrerez ce que Deville a entendu dire par ce *quelque chose de plus*, il n'hésitera pas à vous répondre que si les propriétaires refusent malgré tout de se laisser exproprier — ce qui, dans la pensée de Deville, est inévitable — on les guillotinera.

Marcel Sembat est d'une franchise non moins significative et non moins brutale lorsque, parlant de la révolution future, il explique que, ce jour-là, un cortège marchera

« à travers les rues de Carmaux, triomphal, joyeux, en chantant la *Carmagnole*, et Rességuier en sera, Sudre en

---

1. *Aperçu sur le socialisme scientifique*, p. 60.

sera, en tête. Oui, ajoute-t-il, je distingue leur tête dans le cortège. Quant au reste, je ne suis plus aussi sûr : peut-être qu'il sera resté un peu plus en arrière [1]. »

Ignoble plaisanterie qui serait d'un singulier mauvais goût, si elle n'était surtout criminelle !

Et comme pendant à ces excitations à l'assassinat, n'avons-nous pas eu le spectacle d'un Jaurès promenant dans les rues de Carmaux une bande avinée qui chantait la *Carmagnole* et hurlait sous les fenêtres du baron Reille :

Le baron au bout du canon,
Le marquis au bout du fusil !

En vérité, lorsque des socialistes parlent et agissent de la sorte, que font-ils, sinon préparer leurs troupes à la bataille qui sera nécessaire demain, si l'on veut confisquer les propriétés privées?

D'autres expliquent franchement que l'emploi de la violence est indispensable et bornent leurs efforts à justifier leur théorie par l'exemple de l'histoire. Toute révolution sérieuse, disent-ils, est accompagnée d'effusion de sang. Les réformes, pour germer, ont besoin de tremper leurs racines dans du sang.

Le raisonnement nous importe peu.

De ce qu'une chose mauvaise peut produire quelques bons résultats, il ne s'ensuit pas qu'elle cesse pour cela d'être mauvaise. Pour les peuples, comme pour les individus, les blessures ont quelquefois cet avantage qu'elles permettent à un sang alourdi de se refaire et de se régénérer. Mais, outre que cet avantage se complique la plupart du temps d'inconvénients redoutables, il n'en reste pas moins vrai que l'auteur de la blessure commet un acte criminel.

---

1. *La Carmagnole*. Décembre 1896.

Et puis, le progrès est-il dans le maintien de la barbarie humaine, ou n'est-il pas plutôt — comme l'écrivait Yves Guyot — dans « la substitution des moyens pacifiques aux moyens violents »?

Quoi qu'il en soit, après de semblables déclarations et de semblables attitudes, qui croira à la sincérité des protestations des socialistes, lorsqu'ils s'écrieront, par la voix de Millerand, au banquet des municipalités :

« Qu'on ne nous prête pas l'intention bouffonne de n'attendre que de la Révolution violente le triomphe de nos idées! »

Que l'intention soit bouffonne, nous y consentons. Mais il faut bien nous accorder qu'elle se retrouve, très clairement exprimée, dans les écrits et dans la conduite des collectivistes.

# CHAPITRE IV

## INJUSTICE DE LA CONFISCATION

Le vol érigé à la hauteur d'une institution sociale.

### § 1. — Tout ce que fait l'État n'est pas nécessairement juste.

### §. 2. — La confiscation ne peut pas se justifier par les précédents.

I. — L'affranchissement des esclaves. — Des hommes et non des choses.

II. — Les confiscations pendant la Révolution.

Tous les actes de la Révolution ne sont pas légitimes.

La confiscation des biens du clergé. — La thèse de Mirabeau. — Principe d'indemnisation admis.

La confiscation des biens des condamnés et des émigrés. — Conséquence du droit criminel.

Les rentes féodales. — Principe d'indemnisation d'abord admis. — Affranchissement de la propriété privée.

Les biens confisqués redeviennent propriété individuelle. — La Révolution a toujours affirmé le droit de propriété.

### § 3. — La confiscation ne se justifie pas par les violations actuelles du droit de propriété.

Expropriation pour cause d'utilité publique. — Nécessité sociale. — Toujours indemnité.

Application de l'article 249 du Code de commerce et des principes de réquisition en temps de guerre. — Mêmes observations.

Quand quelqu'un est pris en train de soustraire une montre de la poche d'un monsieur, il est arrêté, jugé et condamné. Si un propriétaire empiète sur le champ de son voisin, il est assigné devant un tribunal et condamné à restituer la portion de terre qu'il s'est illégalement appropriée.

On reconnaît, en effet, qu'il est interdit de s'emparer du bien d'autrui. Or, que nous proposent les collectivistes? Ils ne poursuivent pas seulement la spoliation d'un lambeau de terre, la soustraction d'une montre, mais la confiscation de tous les capitaux possédés par les individus.

N'est-ce point là le vol érigé à la hauteur d'une institution sociale ?

Il semble que poser la question, c'est la résoudre. Et voilà pourquoi, sans doute, les collectivistes se sont efforcés de justifier par des arguments d'ordre divers cette confiscation que le bon sens du peuple appelle un vol.

## § 1. — Tout ce que fait l'État n'est pas nécessairement juste.

Au point de vue juridique, on a cherché à établir qu'une distinction doit être faite entre les actes de l'État et ceux des individus, les premiers étant toujours licites et justes — sans doute en vertu du fameux adage : La force, c'est le droit !

Au fond, qu'est-ce que l'État? Une réunion d'individus. Et ce qu'un individu ne saurait faire sans violer les lois de la justice et sans se mettre sous le coup d'une répression pénale, 10, 50, 1.000 et 20.000.000 d'individus ne sauraient le faire sans violer cette même justice et sans mériter cette même répression. Le mot de Franklin reste toujours vrai : « Un voleur de grand chemin qui vole avec une bande n'est pas moins un voleur que s'il vole seul[1] ».

Si vous, État, vous vous arrogez le droit de dépouiller les individus, comment pourrez-vous refuser à ces individus le droit de se dépouiller entre eux? Vous serez vraiment mal venu à inscrire dans vos codes des peines contre les voleurs, ayant vous-même édifié le nouveau régime sur une spoliation générale.

Non, la force ne crée pas le droit. Le nombre n'est pas la justice. Et à ceux qui nous disent qu'une confiscation serait légitime par cela seul qu'elle serait ordonnée par le pouvoir politique du pays, nous rappellerons qu'en 1793 l'emploi de la guillotine était aussi un procédé légal.

## § 2. — Les précédents de confiscation.

Au point de vue historique, les collectivistes font observer que le fait d'une confiscation ne serait pas un fait nouveau. L'affranchissement des esclaves et la nationalisation de certains biens sous la Révolu-

1. Nous citons d'autant plus volontiers ce mot de Franklin que nous l'avons trouvé dans l'*Almanach de la question sociale* pour l'année 1894, p. 48.

tion, voilà, disent-ils, des précédents qui justifient notre prétention.

I. — Y a-t-il assimilation possible, raisonnable, entre la suppression de l'esclavage et l'abolition de la propriété privée? L'homme est-il donc une marchandise, une chose? Si oui, alors il faut reconnaître que le fait d'avoir arraché les esclaves des mains de leurs maîtres était une spoliation. Si non, il faut dire que les chaînes ont été brisées à bon droit et l'on est mal venu à se réclamer d'un semblable précédent pour préconiser une injustice.

II. — En ce qui touche les confiscations opérées par la Révolution, on peut faire des objections d'ordre divers aux prétentions des socialistes.

D'abord, il n'est pas possible de faire un bloc de toutes les réformes et de tous les actes de la Révolution. Il y a eu d'ailleurs plusieurs blocs : celui de la Constituante, celui de la Législative, celui de la Convention. Et, dans chacun de ces blocs, il y a eu des mesures très différentes, n'appelant pas toutes la même appréciation de l'histoire. De même qu'il serait injuste de refuser tout mérite à ce grand mouvement d'idées et de réformes politiques qui caractérise la fin du siècle dernier, il serait dérisoire de mettre au rang des héros de France les égorgeurs publics et de considérer d'un même œil, par exemple, la proclamation de la République et les massacres de Septembre, la Déclaration des droits de l'homme et l'arrêt de mort de Louis XVI.

Ensuite, si l'on admettait que toutes les confiscations révolutionnaires doivent être classées dans la catégorie des actes légitimes, il ne s'ensuivrait nullement qu'elles puissent constituer un argument d'ordre historique au profit de la thèse socialiste.

Il y a lieu, en effet, d'apporter ici quelques précisions et d'examiner séparément la confiscation des biens du clergé, la confiscation des biens des condamnés et des émigrés et la suppression des droits féodaux.

La confiscation des biens du clergé ne saurait, en aucune manière, être envisagée comme un précédent par les collectivistes.

D'une part, l'Assemblée Constituante, en décidant que les biens du clergé feraient retour à l'État, considérait que l'Église n'avait jamais été qu'usufruitière de ces biens, et que l'État pouvait, par conséquent, sans léser aucun droit, s'en attribuer l'administration. C'était la thèse de Mirabeau. Nous n'avons pas à rechercher ici jusqu'à quel point cette thèse pouvait être fondée, mais nous tenons à constater que ce fut elle qui détermina la confiscation des biens du clergé.

D'autre part, le principe d'indemnisation aujourd'hui repoussé par les socialistes était admis. La Constituante s'engageait à pourvoir à l'entretien des ministres du culte et aux autres services auxquels pourvoyaient jusque-là les biens du clergé. Les indemnités étaient sérieuses. Il était stipulé notamment que, pour les curés, le traitement ne pourrait pas être inférieur à douze cents francs, logement non compris.

Révolutionnaire dans son principe, la mesure a, d'ailleurs, été légalisée par le Concordat et la Charte de 1814.

On parle aussi de la confiscation des biens des nobles.

C'est à tort que l'on emploie pareille expression. Tous les biens des nobles ne furent point nationalisés; et beaucoup de biens le furent qui n'appartenaient pas à ces nobles.

Pour être exact, il faut parler non pas de la confiscation des biens des nobles, mais de la confiscation des biens des condamnés et des émigrés.

La confiscation des biens des condamnés sous l'ancien régime accompagnait toujours la condamnation à mort et n'avait pas d'autre caractère que celui d'une peine accessoire. La Révolution maintint ce principe de droit criminel et en profita largement: on peut même dire que les condamnations à mort n'eurent, dans bien des cas, d'autre motif que le désir d'arriver, par une voie légale, à la spoliation[1]. . .

Plus tard, et par une loi spéciale, elle décida que les biens des émigrés seraient assimilés à ceux des condamnés à mort et feraient ainsi retour à la nation. On pouvait d'ailleurs considérer les biens des émigrés comme des biens abandonnés au point de vue juridique, les assimiler à une succession en déshérence et soutenir qu'il n'y avait pas, dans le fait de leur attribution à l'État, une confiscation au sens précis du mot[2].

---

1. « Les confiscations, nous ne l'avons pas oublié, sont l'âme et le nerf des révolutions. Après avoir confisqué parce qu'on avait condamné, on condamne pour confisquer. La férocité se rassasie: la cupidité, jamais. Les confiscations sont si odieuses que notre Révolution en a rougi, elle qui n'a rougi de rien; elle a lâché sa proie, elle a rendu les biens des condamnés. »

ROYER-COLLARD.

Paroles prononcées au cours de la discussion du projet de loi sur l'amnistie.

(V. *Mémoires du chancelier Pasquier*, t. IV, p. 306.)

2. On sait aussi que la Restauration crut devoir indemniser,

Quant aux rentes féodales, leur abolition fut d'abord votée, à charge de rachat à juste prix, pour toutes celles qui n'avaient pas le caractère humiliant de redevance ou de servitude personnelle. L'indemnisation fut refusée plus tard, mais le motif du refus était sérieux : la banqueroute, « la hideuse banqueroute », approchait à grands pas, et l'État n'était plus en mesure de tenir ses engagements; on sacrifiait le point de vue juridique au point de vue économique, le point de vue de la justice au point de vue des nécessités financières.

Il est intéressant de remarquer, au surplus, que la suppression des droits féodaux n'avait pas d'autre but que d'affranchir la propriété privée des servitudes dont l'existence constituait au profit du seigneur sur les biens du vassal une sorte de copropriété, et, par conséquent, de consolider et de raffermir cette propriété privée.

La Révolution, qu'on ne l'oublie pas, d'ailleurs, n'eut jamais l'idée de transformer en propriété collective et nationale les biens qu'elle confisquait. Ces biens étaient immédiatement mis en vente, presque toujours à des prix dérisoires, et redevenaient ainsi propriété individuelle.

On peut même dire qu'à aucune autre époque le principe de la propriété ne fut plus fermement affirmé et défendu qu'à la fin du siècle dernier.

« Parmi ces droits naturels et civils de l'homme, solennellement proclamés en 1791, garantis par la Constitution, je cherche quels sont ceux qui ont

les émigrés et les familles des condamnés et leur distribua un milliard.

traversé le siècle et les différents régimes, sans jamais subir d'atteintes et nous sont arrivés intacts. Eh bien, je n'en trouve pas deux, j'en trouve un : c'est le droit de propriété [1]. »

L'article 17 de la Déclaration des droits de l'homme est ainsi conçu :

« La propriété étant un droit inviolable et sacré, nul ne peut en être privé, si ce n'est lorsque la nécessité publique légalement constituée l'exige et moyennant une juste et préalable indemnité. »

La Constitution de 1793 définit le droit de propriété « le droit de jouir et de disposer à son gré de ses biens et de ses revenus, des fruits de son travail et de son industrie ».

La Convention, en même temps qu'elle instituait le Comité de salut public, décrétait la peine de mort contre quiconque proposerait « la loi agraire ou toute autre mesure subversive de propriété territoriale commerciale ou industrielle ».

Voici d'ailleurs en quels termes l'attitude de la Convention vis-à-vis du droit de propriété a été retracée par le conventionnel Baudot :

« La Convention n'avait pas sur la propriété une autre opinion que celle du Code civil : elle a toujours regardé la propriété comme la base de l'ordre social. Je n'ai jamais entendu aucun membre de cette assemblée prononcer une parole ou faire une proposition contraire à ce principe. »

---

1. Gabriel Alix, *Conférence faite à l'Hôtel des sociétés savantes*, le 21 janvier 1896 sur la liberté d'association. Brochure publiée par les soins du Comité de défense et de progrès social, p. 23.

## § 3. — Les violations actuelles du droit de propriété.

Les atteintes qui sont portées de nos jours au droit de propriété, sous forme d'expropriation pour cause d'utilité publique, ne peuvent pas non plus servir d'argument aux socialistes.

Sans doute, l'expropriation pour cause d'utilité publique que l'on reconnaît théoriquement contraire aux droits individuels [1], est admise en fait.

Elle l'est à cause des entraves à la vie sociale qui résulteraient de l'impossibilité de construire une voie ferrée ou un chemin, par exemple, sans le consentement du propriétaire du sol atteint. Mais il n'a jamais été question d'imposer aux individus cette contrainte sans leur donner d'indemnité; et l'usage s'est au contraire établi que les jurys chargés d'évaluer le préjudice causé accordent au propriétaire des sommes supérieures à la valeur des terrains expropriés.

Se réclamera-t-on de l'article 249 du Code de commerce, ainsi conçu : « Si les victuailles d'un bâtiment manquent pendant le voyage, le capitaine, en prenant l'avis des principaux de l'équipage, pourra contraindre ceux qui ont des vivres en particulier de les mettre en commun, à la charge de leur en payer la valeur? »

Mais, outre qu'il y a toujours indemnisation, l'article 249 prévoit un simple achat forcé qui se justifie non seulement par l'extrême utilité, mais par la né-

1. « L'utilité sociale ne prescrit pas contre le droit d'un seul. » CARO.

cessité même, les passagers étant dans l'alternative ou de prendre, ou de mourir de faim.

Il en est de même des réquisitions faites en temps de guerre, avec, en plus, cette considération que la guerre est un fait anormal, extraordinaire, et qu'elle pourrait bien tolérer la spoliation, puisqu'elle autorise le meurtre.

Il y a donc erreur à assimiler l'expropriation par la collectivité de tous les moyens de production, telle qu'elle est demandée par les collectivistes, aux différentes dispositions de loi qui, sous le régime actuel, autorisent, dans certains cas très limitativement indiqués, des atteintes à la propriété privée.

D'une part, le principe d'une indemnisation est toujours admis — ce qui est bien l'affirmation quand même du droit de propriété — tandis que les précurseurs du système collectiviste parlent d'une spoliation gratuite. D'autre part, ces atteintes à la propriété privée se justifient soit par la nécessité, soit par une utilité telle qu'elle se confond presque avec la nécessité, tandis que — il sera facile de le démontrer — « la transformation des capitaux privés en un capital social, unitaire »[1], loin d'être nécessaire ou utile, aurait, pour tous les individus en général et pour chacun en particulier, des conséquences désastreuses.

1. Schæffle.

# CHAPITRE V

## IMPOSSIBILITÉ DE LA CONFISCATION

§ 1. — POURQUOI LA CONFISCATION EST IMPOSSIBLE.

Les propriétaires ne se laisseront pas dépouiller. — Ils sont l'immense majorité.

Les « pièges à paysans » tendus par les socialistes. — Ils ne prendront personne.

Les excitations criminelles des socialistes à l'adresse de ceux qui ne possèdent rien. — Les socialistes veulent maintenir et aggraver la misère. — La notion du bien et du mal. — Tactique impuissante.

§ 2. — POURQUOI NOUS COMBATTONS QUAND MÊME LE COLLECTIVISME.

L'essai de transformation donnerait au pays de douloureuses secousses.

Le collectivisme habitue les individus à tout attendre de l'État.

La crainte du socialisme engendre des socialistes d'État. — Les socialistes chrétiens.

### § 1. — Pourquoi la confiscation est impossible.

Vous possédez aujourd'hui un petit domaine qui vous vient de l'héritage paternel. Vous y vivez et vous le cultivez tous les jours avec l'espoir fortifiant de le laisser après vous à vos enfants. Lorsque la collectivité vous réclamera ce domaine, le lui laisserez-vous prendre? Ces champs que votre père a peut-être fécondés de ses sueurs, ces arbres qu'il a plantés pour vous, ces bâtiments qu'il a élevés et réparés pour vous permettre d'habiter là où lui et ses pères ont habité, toutes ces choses qui sont pleines de son souvenir, où se retrouvent à chaque pas la trace de ses efforts, et qui sont en quelque sorte la continuation de lui-même, les abandonnerez-vous sans résistance à la collectivité vorace?

Et vous qui, par des économies lentement et péniblement amassées, êtes arrivé à créer un petit fonds de commerce ou d'industrie, serez-vous davantage disposé à voir s'engloutir, d'un seul coup, dans l'abîme collectiviste, le résultat de vos peines, de vos privations, de vos sacrifices? Est-ce que vous ne défendrez pas jusqu'au bout ce qui est à vous, bien à vous, rien qu'à vous?

Si vous êtes seul à agir ainsi, votre résistance restera sans doute inutile et vous succomberez sous le poids du nombre, sous la force qui créera le droit de vos adversaires.

Mais vous ne serez point seul.

Il y a en France — nous le répétons — huit millions et demi de propriétaires titulaires, ce qui permet d'affirmer que le nombre des personnes tirant plus ou moins profit de la propriété représente l'immense majorité.

Et dès lors, la résistance à la confiscation étant générale, l'effort tenté par la Révolution collectiviste demeurera vain : la transformation sociale des capitaux privés ne s'accomplira pas.

Les socialistes sentent bien qu'ils auront de ce côté une énorme difficulté à vaincre, et voilà pourquoi la tactique de quelques-uns d'entre eux consiste aujourd'hui à rassurer une partie des propriétaires et à leur faire même de séduisantes promesses.

Mais, encore une fois, ces *pièges à paysans* ne prendront personne, et nous pensons que l'idée socialiste, quelques tempéraments qu'un besoin impérieux de propagande y puisse apporter, ne trouvera jamais d'écho dans la masse des propriétaires.

Il y a, il est vrai, une minorité qui ne possède rien, qui ne retire aucun avantage de la propriété, et c'est sur elle que les socialistes échafaudent surtout leurs espérances.

Seulement, parmi ceux qui n'ont d'autre capital que leur intelligence et leurs bras, beaucoup sont dans une situation convenable, sont contents de leur sort et, par conséquent, sont peu disposés à lâcher le certain pour l'incertain.

D'un autre côté, sur le nombre de ceux dont la condition est misérable, il y en a, peut-être plus qu'on ne le croit généralement, qui sont honnêtes, qui ont le sentiment de la justice et qui refuseraient de s'associer à une spoliation générale, estimant, dans la logique de leur bon sens, que prendre le bien d'autrui, c'est voler, et que voler, c'est mal faire.

Pour les socialistes, il n'y a qu'un moyen de parer à ce danger de passivité de la part du prolétariat : c'est de corrompre le prolétariat, c'est d'aiguiser ses appétits, c'est d'exciter les passions mauvaises qui dorment en lui, et c'est aussi de le pousser davantage vers la misère.

Et ces hommes qui se présentent aux foules ouvrières comme des êtres dévoués jusqu'à la pauvreté et jusqu'à la mort à la cause des petits, des humbles, des déshérités, s'emploient de toutes leurs forces à cette œuvre malsaine de corruption et de famine.

En 1891, au Congrès de Bruxelles, Bebel prononça l'aveu suivant :

« Ce que nous voulons, c'est laisser ouverte la plaie au corps de la société actuelle. Ce que nous voulons, c'est faire disparaître de la terre cette société bourgeoise. Ce que nous voulons, c'est amener au plus tôt l'heure suprême de cette société et la remplacer par la société socialiste. Et il n'y a pas deux moyens pour arriver à ce but. *Il faut, à toute force, maintenir l'ouvrier dans sa situation de misère.* »

Dans une réunion tenue à Berlin, le 14 novembre 1894, un socialiste badois, Stegmüller, osa recommander le travail, l'économie et la sobriété. Les protestations ne manquèrent pas. Bebel s'en fit l'écho d'une façon violente et traita la loyale déclaration de Stegmüller « d'ânerie bourgeoise numéro un ».

Autrefois, à Rome, on avait soin de laisser jeûner longuement les bêtes sauvages avant de les lâcher dans l'arène où elles devaient dévorer les chrétiens. Aujourd'hui Jules Guesde, l'intègre, le pur, l'intransigeant, pense qu'il faut user du même procédé vis-à-vis du prolétariat, pour l'exciter davantage contre les bourgeois. A ceux qui s'apitoient devant la souffrance humaine, il répond qu'il faut laisser la faim déchirer les estomacs afin d'amener plus sûrement des révoltes dans les consciences.

« Il est loin, écrivait Séverine, le temps où M. Guesde, tranchant d'un revers de main le cou à mes pitiés, se précipitait à la direction du « Cri du peuple ». Déjà, je commettais des crimes, donnant du pain aux femmes, aux enfants, aux vieux dont le défilé lamentable traversait l'antichambre du journal. Et j'entends encore la voix aigre, aux stridentes dissonnances, formuler le doctrinaire reproche : « C'est de la trahison ! Ces gens-là seraient devenus des révoltés. Vous en faites des résignés. Besogne antisocialiste[1] ! »

Eh bien, non ! Même cette tactique ne réussira pas aux socialistes. La religion et la morale ont, depuis trop de siècles, implanté la notion du bien et du mal dans la conscience humaine, pour qu'il soit permis aux socialistes d'espérer l'effacer par leurs excitations. Même parmi ceux qui manquent de pain, il se trouverait toujours des hommes pour refuser de marcher à l'assaut de la société capitaliste, non seulement parce qu'ils pourraient penser que l'organisation collectiviste serait impuissante à améliorer leur condition sociale, mais aussi et surtout parce qu'il leur répugnerait de s'associer à une injustice.

De ce côté-là encore, les révolutionnaires rencontreront de nombreuses désillusions, et ce nous est un nouveau motif d'affirmer l'impossibilité de la transformation rêvée par les socialistes.

## § 2. — Pourquoi nous combattons quand même le socialisme.

Si cette transformation est irréalisable, pourquoi, dira-t-on, se préoccuper des revendica-

1. Extrait d'un article de Séverine dans *le Journal*.

tions socialistes et pourquoi les combattre? Si la tentative doit demeurer stérile, pourquoi la redouter?

Oui, nous avons la conviction intime et profonde que la tentative avorterait en chemin. Mais nous savons aussi qu'elle n'irait pas sans amener des secousses douloureuses pour le pays, sans exciter les passions mauvaises des individus, sans jeter momentanément le trouble dans la famille, la division dans la cité, la désorganisation dans tout l'ordre social.

La tempête qui passe ne bouleverse pas les lois immuables de la nature et ne rompt pas l'équilibre des saisons : mais la tempête détruit la récolte de l'année, et il faut au pauvre paysan, éprouvé par elle, de longs mois pour se remettre des pertes qu'elle lui a fait subir.

L'essai collectiviste serait une tempête. Il n'aboutirait pas à transformer l'ordre social, mais il le bouleverserait pour un temps, et voilà pourquoi nous demandons aux honnêtes gens, à tous ceux qui sont les amis de la paix et de la liberté de n'y jamais consentir.

Le collectivisme présente un danger plus immédiat. Il tend à développer dans les esprits cette idée fausse et dangereuse que le mal vient de l'organisation sociale du pays, et qu'il suffira, par conséquent, de changer cette organisation pour améliorer le sort de ceux qui souffrent. Partant de ce principe, les individus s'habituent à tout demander à l'État, à tout attendre de lui, au lieu de chercher dans leur action privée, dans leur initiative personnelle, dans leur propre activité, le remède ou l'apaisement de leurs souffrances.

Le mal social ne vient pas des institutions. Il vient des hommes. Et le meilleur moyen, nous ne disons pas de le faire complètement disparaître — cela n'est pas possible — mais au moins de l'amoindrir, d'en atténuer les rigueurs, d'en limiter les effets, c'est encore de rendre les hommes meilleurs, c'est-à-dire moins égoïstes, plus dévoués, plus portés vers le sacrifice.

A un autre point de vue, nous combattons le collectivisme.

Bien des gens qui sont très éloignés d'adhérer au collectivisme, souvent ceux-là mêmes qui en ont le plus peur, s'imaginent apaiser l'appétit du monstre en lui jetant, de temps en temps, quelques lambeaux de liberté individuelle à dévorer.

Sous prétexte de l'amener à de meilleurs sentiments, ils s'approchent de lui, flirtent avec lui, lui font des concessions, lui apportent des armes. Et ils ne l'entendent pas se réjouir très haut de cet appui inattendu, et ils ne sentent pas sur eux le poids des chaînes dont, peu à peu, ils se laissent par lui envelopper!

Gabriel Deville, entre autres, n'a pas caché sa satisfaction de ce secours indirect et imprévu :

« Accorder des réformes, dit-il, c'est nous jeter des armes, c'est nous rendre plus forts contre nos adversaires devenant plus faibles à mesure que nous le sommes moins. L'appétit vient en mangeant. Plus on obtient et plus on exige : aussi, les réformes effectuées, au lieu d'enrayer le mouvement révolutionnaire, pousseraient à lutter, en même temps qu'elles fourniraient des hommes plus aptes à la lutte. Les socialistes sont donc heureux de toute réforme. Seulement, ces réformes, conquêtes de détail, ne sauraient faire l'économie du combat final parce que, quels que puissent être les amoindrissements successifs de ces privilèges par elle consentis sous la pression des événements, la bourgeoisie voudra toujours en garder quelque chose [1]. »

Certains ont prétendu s'appuyer sur les enseignements pontificaux pour professer ce qu'on a appelé le socialisme chrétien et qui serait plus exactement désigné sous le nom de socialisme d'État enseigné par des chrétiens.

Il y a là, de leur part, une grosse illusion, et, si généreuse qu'elle puisse être, elle est dangereuse et il importe de la détruire en passant.

Dans sa magistrale *Encyclique sur la condition des ouvriers*, du 15 mai 1891, Léon XIII a, sans doute, parlé de la situation d'infortune imméritée des ouvriers, et il a énergiquement flétri les patrons égoïstes qui n'hésitent pas à spéculer sur l'indigence et la faiblesse des travailleurs et leur donnent un salaire insuffisant. Mais en quoi de pareilles protestations, faites au nom de la loi morale pourraient-elles servir à justifier la thèse de la large intervention de l'État?

Sans doute aussi, Léon XIII déclare que « l'État peut grandement améliorer le sort de la classe ouvrière; et cela dans toute la rigueur de son droit, et sans avoir à redouter le reproche d'ingérence, car, en vertu même de son office, l'État doit servir l'intérêt commun ».

Mais le Souverain Pontife n'admet cette intervention que lorsque les activités individuelles ou les forces sociales libres sont impuissantes à maintenir la justice:

---

1. *Le « Capital » de Karl Marx résumé et accompagné d'un Aperçu sur le socialisme scientifique*, p. 55.

« Si donc, dit-il, soit les intérêts généraux, soit l'intérêt d'une classe en particulier se trouvent ou lésés, ou simplement menacés, *et qu'il soit impossible d'y remédier ou d'y obvier autrement*, il faudra de toute nécessité recourir à l'autorité publique [1]. »

Ainsi donc c'est bien à tort que certains catholiques croient pouvoir se réclamer de la doctrine du Saint-Siège pour se lancer résolument dans la voie du socialisme d'État.

Leur tendance, souvent humaine et généreuse — nous ne faisons aucune difficulté à le reconnaître — est toujours, d'une manière plus ou moins consciente, accentuée par la crainte du collectivisme et par la pensée qu'il sera possible de désarmer cet ennemi à force de concessions.

A ce point de vue, nous le répétons, il importe, en faisant la lumière, de discréditer le collectivisme dans l'opinion publique et par là même de rassurer les esprits.

---

1. Est-il besoin de faire observer que Léon XIII a formellement condamné la doctrine socialiste?

Dans l'*Encyclique sur la condition des ouvriers*, il en fait ressortir l'injustice et les inconvénients. « La théorie socialiste, dit-il, est absolument à répudier comme préjudiciable à ceux-là mêmes qu'on veut secourir, contraire aux droits naturels des individus; comme dénaturant les fonctions de l'État et troublant la tranquillité publique. »

Déjà, dans son Encyclique *Quod apostolici*, du 28 décembre 1878, il avait indiqué le danger. Il l'avait aussi combattu dans diverses lettres apostoliques : *Diuturnum; Auspicato concessum; Humanum genus*.

Avant lui, Pie IX avait déclaré le système socialiste « abominable, absolument contraire au droit naturel, subversif de tous les droits et des fondements mêmes de la société humaine » (*Qui pluribus*, 9 novembre 1846), et l'avait rangé au nombre des principales erreurs signalées et condamnées dans le *Syllabus* en 1864.

Le jour où le collectivisme ne sera plus rien dans la vie politique du pays, où personne ne pourra plus le considérer comme inquiétant et où il sera définitivement relégué au rang des utopies, ce jour-là, le socialisme d'État aura en grande partie perdu sa raison d'exister.

# TROISIÈME PARTIE

## ORGANISATION DE LA SOCIÉTÉ COLLECTIVISTE

A côté de ceux qui, étant propriétaires, sont intéressés au maintien de l'ordre social, ou de ceux qui, sans être propriétaires, sont honnêtes et respectueux du bien d'autrui, il y a une catégorie de gens qui ne possèdent rien et ne sont point susceptibles de se laisser arrêter par l'idée d'une confiscation injuste.

C'est surtout à eux qu'est consacrée cette troisième partie. Ils y pourront voir, en effet, que, loin d'améliorer leur sort, l'établissement de la société collectiviste n'aurait d'autre résultat que de les laisser mourir de faim.....

Donc, supposons-les nettes et précises, ces revendications collectivistes dont les limites sont flottantes et incertaines; supposons-la légitime et juste, cette confiscation des moyens de production qui ne pourrait se produire sans violer les droits les plus sacrés de l'individu; supposons-la enfin réalisée, cette transformation sociale de la propriété que les résistances des intéressés ou des honnêtes gens rendraient impossible.

Et demandons-nous ce que pourrait bien être demain la nouvelle société collectiviste.

## CHAPITRE PREMIER

### REFUS DES SOCIALISTES DE S'EXPLIQUER SUR L'ORGANISATION DE LA SOCIÉTÉ FUTURE.

« L'énigme. » — « Nous sommes lancés vers l'inconnu. » — « Les vaines curiosités. » — La Révolution a été l'œuvre des siècles. — Nous ne voulons pas marcher à l'aveugle.

L'État a tout pris : il est désormais seul propriétaire des moyens de production. Il a devant lui des terres, des maisons, des usines, des ateliers, des outillages, des capitaux, et de tout cela il est le maître unique, et personne n'a plus le droit de dire : ceci est à moi, cela m'appartient.

Comment va-t-il organiser le nouveau régime? Les socialistes qui nous promettent si bruyamment une société parfaite, un paradis terrestre pour demain, vont enfin s'expliquer sur le fonctionnement de cette société, sur les joies de ce paradis?

Eh bien, non ! Ils nous disent : Bouleversez tout, détruisez la société capitaliste d'aujourd'hui, sacrifiez votre tranquillité, vos intérêts, vos affections, vos idées de justice, mettez le pays à feu et à sang; faites tout cela pour arriver à la transformation collectiviste....., mais ne nous demandez pas quels seront pour vous les avantages de cette guerre civile et de ces sacrifices !

Il y a un demi-siècle, Proudhon avait déclaré que « le socialisme est une énigme dont nul ne peut donner le secret[1] ».

Et il semble que les théoriciens modernes du collectivisme se soient appliqués à justifier le mot de cet « enfant terrible »[2].

Dans un article intitulé « Le régime socialiste » et paru dans la *Revue socialiste*, Georges Renard déclare qu'il est bien difficile d'expliquer, dès aujourd'hui, quelle sera l'organisation économique de demain :

« Nous sommes lancés dans l'inconnu, dit-il, et nous n'avons d'autre guide que l'idée du possible et le sentiment du juste, tels qu'ils se dégagent pour nous de l'étude des faits et de leur comparaison avec l'idéal conçu par notre raison[3]. »

Gabriel Deville déclarait de son côté

« qu'il n'y a pas à perdre son temps à régler les détails d'organisation de la société future[4]. »

1. *Le Peuple*, n° du 26 mai 1849.

2. « Je n'ai pas pu apercevoir jusqu'à présent la doctrine socialiste. J'ai vu des programmes et des promesses, mais d'une incohérence telle qu'il m'a été impossible d'y découvrir quelque chose d'analogue à ce que prétend représenter la *Petite République*..... Le socialisme est un mystère auquel il faut croire, parce que c'est un mystère, sur la foi des apôtres Jaurès, Jules Guesde, Millerand, Vaillant et quelques autres. »

Yves Guyot. *La comédie socialiste*, p. 27 et 28.

3. *Revue socialiste*, n° de décembre 1897, p. 657.

Le même article de Georges Renard a paru en brochure séparée.

4. *Principes socialistes*, 1896, p. 38.

Jaurès, lui aussi, dans son discours sur la crise agricole, insistait, à la Chambre, sur cette idée « qu'il était puéril de demander les modes secondaires et subalternes d'application par lesquels elle se réalisera ».

Il parlait de ces *vaines curiosités* qui n'arrêteraient pas le flot montant de la démocratie socialiste. Et il se réclamait audacieusement de l'exemple de la grande Révolution, déclarant que, si nos ancêtres s'étaient préoccupés du souci de savoir par quoi ils remplaceraient l'édifice de la nouvelle société, ils n'auraient pas accompli leur œuvre de transformation [1].

Nous ne nous attarderons pas à démontrer que la Révolution française, loin d'avoir été l'effort brusque et inattendu d'une partie de la nation, fut, au contraire, le terme d'une évolution politique, économique et sociale dont le germe, apparu dans les écrits libéraux du moyen âge, fut développé par les auteurs du XVI^e^ siècle [2] et mûri par l'œuvre des éco-

---

1. *Officiel* du 4 juillet 1897, Chambre des députés, p. 1808.

2. Toutes les théories qui ont servi de base aux réformes révolutionnaires de la fin du siècle dernier avaient été soutenues et développées au cours des siècles précédents.

Au moyen âge, les théologiens reprennent et commencent à vulgariser la théorie d'Aristote sur le gouvernement mixte et sur le tyrannicide. Ils font ressortir la distinction du domaine de la couronne et du domaine national, et quelques-uns d'entre eux opposent à la théorie du droit divin la théorie de la souveraineté nationale.

Au XVI^e^ siècle, toutes ces idées sont reprises et développées, d'abord par Claude Sécel, la Boétie et le jésuite Lainez, ensuite par Hotmann, qui écrit la *Franco-Gallia*, par Hubert Languet, auteur des *Vindiciæ contra tyrannos*, par Jean Bouchez, par Guillaume Rose, par l'auteur inconnu du *De jure magistratuum*, et, en bonne partie aussi, par Bodin dont l'ouvrage *De la République* est très remarquable. L'idée que le monarque ne tient

nomistes, des philosophes et des encyclopédistes du XVIIIe siècle ; que ceux qui firent cette Révolution, transportant dans le domaine des réformes ce qui était jusque-là demeuré, à l'état latent, dans le domaine des revendications théoriques, concevaient d'une manière précise le nouveau régime qu'ils instituaient ; et que, par conséquent, les orateurs socialistes sont mal venus à se réclamer à cet égard de l'attitude de nos pères.

Mais nous dirons à ces orateurs socialistes qu'il n'est pas raisonnable de nous demander de marcher vers l'inconnu et que nous refusons de les suivre dans une voie dont ils ne peuvent nous indiquer l'issue.

Nous appeler à l'assaut de la société capitaliste, sans nous démontrer que la nouvelle société édifiée sur les ruines de l'ancienne, apportera une amélioration à notre sort, est déjà audacieux et vain. Accompagner l'adjuration de cet aveu qu'on est impuissant à indiquer, même dans ses grandes lignes, l'organisation et la société future, est absolument insensé.

« Savez-vous, s'écriait M. Deschanel à la Chambre des députés, que c'est une chose terriblement grave, une effrayante responsabilité, alors qu'on n'a, de son propre aveu, que des idées encore très vagues, très incertaines, très changeantes, d'agiter tout ce grand pays, d'ébranler les fondements mêmes de la civilisation et du droit public moderne, de porter sans cesse un trouble profond dans les affaires et dans

son pouvoir ni de Dieu, ni de la prescription, mais du peuple, se précise. Les théoriciens affirment que ce pouvoir est, par sa nature, limité, et ils expliquent que le gouvernement est représentatif.

les esprits, de lancer à la loi, à tout l'ordre établi, l'invective et la menace, de prêcher du haut de cette tribune la guerre des classes, tout cela au nom d'hypothèses mal définies, de solutions douteuses et d'obscures ébauches, caprices de l'imagination[1] ! »

Il ne serait cependant pas exact d'affirmer que rien n'a été dit ou écrit sur ce lendemain collectiviste. Sans doute, « les écrivains socialistes ou collectivistes s'adonnent plutôt à la critique des doctrines économiques ou à la constatation des maux dont souffre, suivant eux, la société, qu'à l'établissement d'un système positif et détaillé de l'organisation sociale[2] » ; mais il s'est cependant trouvé des auteurs qui ont cherché à décrire dans ses détails — et Dieu sait s'il y en aurait, des détails, à prévoir ! — le fonctionnement de la société de leurs rêves.

Seulement, leurs perspectives n'ont pas été les mêmes ; leurs solutions ont été différentes.

Et si Jaurès a déclaré inutile et illusoire cette étude d'une organisation à naître, s'il a parlé de « vaines curiosités », n'est-ce point simplement qu'il a voulu jeter un voile sur des contradictions qui, révélées et connues, seraient de nature à refroidir le zèle des plus ardents parmi les révolutionnaires ?

Voyons donc quelles sont ces contradictions et essayons d'en dégager quelques idées générales qui nous permettront d'entrevoir — au moins d'une manière vague — ce que pourrait être l'avenir collectiviste.

---

1. *Officiel* du 11 juillet 1897. Chambre des députés, p. 1942.
2. PAUL LEROY-BEAULIEU, *Le Collectivisme*, 2ᵉ éd., p. 3.

# CHAPITRE II

## CARACTÈRES DE LA PROPRIÉTÉ DANS LA SOCIÉTÉ COLLECTIVISTE

### § 1. — Les moyens de production seront socialisés.

Pas de partage entre les individus.
Pas de répartition entre les communes.
L'État unique propriétaire en fait.
L'État n'affermera pas aux individus. — Impossibilités pratiques. — L'État exploitera lui-même. — Le gouvernement sera le maître absolu. — « La Directe universelle ».

### § 2. — La nouvelle organisation de la propriété ne ressemblera a aucune autre.

I. — Essais de communisme à Lacédémone et en Crète. — Ils ont abouti à la décadence.
II. — Communautés ascétiques du moyen âge. — Associations libres. — Sentiment religieux.
III. — Communautés agraires d'Amérique. — Mêmes observations.
IV. — Le « mir » et l'« artenne » russes. — Nombreuses différences entre le mir et l'organisation collectiviste de la propriété. — Le mir désavoué par les socialistes. — L'artenne, sorte de coopérative de production.
V. — Les villages de Java. — La « dessa » javanaise. — Usufruit très différent de la propriété collective.
VI. — Les « allmenden » de la Suisse. — Communaux n'excluant pas la propriété individuelle.

## § 1. — Les moyens de production seront socialisés.

Les moyens de production ayant été enlevés aux individus, que vont-ils devenir et de quelle manière vont-ils être utilisés, exploités par la collectivité ?

Seront-ils partagés à portions égales entre les individus, comme se le persuadent volontiers quelques électeurs socialistes, et comme cela se pratiquait autrefois pour le sol chez les Hébreux ?

On voit bien que ce serait immédiatement le retour à la propriété individuelle, et, à bref délai, le rétablissement de l'inégalité de fortune entre les citoyens. Coupez tous les arbres d'une forêt au même niveau, puis, les laissant pousser à leur guise pendant dix ans, revenez, et vous verrez si les uns n'auront pas grandi beaucoup plus que les autres. Ce qui se produit ainsi dans la forêt, par le libre jeu des forces naturelles, ne se produirait-il pas aussi et avec une rapidité bien plus grande dans la société, sous l'influence des forces économiques et morales ?

Le partage a paru d'ailleurs tellement inutile et illusoire aux théoriciens collectivistes qu'ils ont généralement pris soin d'en écarter eux-mêmes l'hypothèse.

« Il n'est pas vrai, disait Schäffle, que le socialisme veuille des partages périodiques annuels[1]... Il est bien clair que le programme socialiste est autre chose que le partage périodique des propriétés privées[2]. »

---

1. *Quintessence du socialisme*, trad. de B. Malon, éd. de la bibliothèque populaire, p. 115.
2. *Id.*, p. 36.

Jaurès insistait sur la même idée :

« Combien sont puérils, écrivait-il, ceux qui, s'imaginant que nous allons répartir aux citoyens de notre pays, la richesse d'aujourd'hui, font le compte du pauvre lot qui reviendrait à chacun!... Nous n'entendons pas couper en morceaux la société capitaliste et la distribuer aux citoyens, comme on distribue le pain bénit à l'église[1]. »

S'il n'y a point de partage entre les individus, y aura-t-il au moins répartition de la propriété entre les communes, sauf ensuite, pour celles-ci, la faculté de l'organiser comme elles l'entendront ?

Un tel système, qui a eu ses partisans[2], est généralement repoussé. Il en est de même du système qui attribuerait des lots déterminés à des groupements d'individus en corporations.

Deville nous en donne les raisons :

« Socialisés, disons-nous, et non pas communalisés, comme le voudraient quelques-uns. Car les inconvénients de la propriété individuelle se retrouveraient dans

---

1. « Organisation socialiste ». Article paru dans la *Revue socialiste*, n° de mai 1896.

2. Du Dr Delon, dans la *Revue socialiste*, n° de juillet 1896, sous le titre « Essai de propagande socialiste dans la campagne » :

« Le parti socialiste veut vous donner la terre, non pas en la partageant comme nos adversaires le disent, mais en transformant les grandes propriétés communales et nationales qui seront mises, sous des formes diverses, à la disposition des travailleurs pour qu'ils en tirent le meilleur parti possible. Tantôt, les terres communales seront exploitées en grand par des associations d'ouvriers agricoles; tantôt (cela dépendra des cultures et de bien des circonstances) chaque famille recevra une étendue dont elle jouira moyennant une faible redevance à la condition de travailler elle-même et de n'exploiter personne. C'est ce que le citoyen Ferroul, maire socialiste de Narbonne, a réalisé dans son pays, procurant ainsi l'aisance et le bonheur à de nombreux ouvriers. Voilà le remède complet et définitif à votre misère. »

la propriété corporative, à cause notamment des partages inégaux qui en seraient la conséquence, de la productivité différente des moyens de production, etc...

Que la lutte s'engage entre communes et communes, corporations et corporations, ou patrons et patrons, il y aura inégalité entre les travailleurs fournissant une même somme de travail et concurrence ruineuse : ce serait, sous une autre forme, la continuation de la société présente[1]. »

Le Dr Schiepel disait, dans le même sens, au Congrès de Breslau en 1895 :

« La Démocratie socialiste ne saurait admettre le maintien des biens communaux, car la propriété communale n'est qu'un embryon de la société capitaliste. »

La propriété des moyens de production sera donc socialisée, c'est-à-dire attribuée non à des individus, non à des groupements d'individus, mais à la masse des individus, à l'ensemble de la nation, à la collectivité. Et les individus seront copropriétaires indivis de ces moyens de production.

« Des salariés actuels, déclarait Jules Guesde, nous ferons des copropriétaires du sol nationalisé[2]. »

La propriété sera à tout le monde et ne sera à personne, en ce sens que tout le monde en devra profiter, sans que personne en puisse être titulaire. Ce sera l'État représentant la collectivité, qui sera ce titulaire.

Or la question se pose immédiatement de savoir comment l'État organisera le nouveau régime de la propriété.

---

1. *Aperçu sur le socialisme scientifique* précédant le *Résumé du « Capital » de Karl Marx*, p. 21.

2. Chambre des députés. Séance du 13 novembre 1897 (*Officiel* du 14 nov., p. 2115).

« Travailleurs, s'écriait Louis Blanc, vous êtes encore déshérités de la fortune : je m'engage à vous faire livrer par l'État des ressources infinies, à vous donner une grande part de l'héritage social, afin que vous puissiez vous créer de nombreux loisirs durant lesquels vous prononcerez le doux nom d'amour. »

Cette promesse, il faudra bien que l'État collectiviste la tienne. Ces ressources qu'il s'engage à livrer aux travailleurs, il faudra bien qu'il s'occupe de les réaliser.

Comment le fera-t-il ?

La propriété sociale sera-t-elle affermée aux individus, ou bien sera-t-elle directement utilisée et exploitée par l'État ? Telle est la première question qui se posera impérieuse et pressante, au lendemain de la transformation collectiviste.

Les individus fermiers de l'État ! Une telle hypothèse serait absolument irréalisable, et il n'est pas besoin de pousser bien loin les investigations ou de creuser à fond le raisonnement pour s'en rendre compte.

Comment supposer, en effet, la possibilité de diviser les moyens de production, terre, mines, usines, etc., en 38 millions de parts distinctes les unes des autres et représentant chacune le lot d'un individu, ou au moins en 10 millions de parts représentant chacune le lot d'une famille [1] ?

Voici une mine qui occupe 400 ouvriers, utilisant les mêmes galeries, en partie aussi les mêmes instru-

1. En réalité, l'hypothèse d'une division des moyens de production en autant de lots qu'il y aurait de familles ne se poserait pas dans la société collectiviste, puisque, tout le monde le sait, les socialistes repoussent l'idée de famille. La division, rigoureusement, selon les principes, devrait se faire en autant de lots que d'individus.

ments, réunissant tous leurs efforts dans un but commun et obéissant à la même direction. Imaginez-vous que l'exploitation de cette mine puisse être confiée à 100 familles indépendantes les unes des autres et qui, fermières de l'État, auraient à travailler, chacune de son côté et pour son compte, avec ses seules ressources, un morceau déterminé de la mine ?

Voici une grande étendue de terrain qui ne peut être utilisée que pour le pacage des brebis, par exemple une lande de 200 hectares. Va-t-on morceler cette lande en un certain nombre de parts et dire à un nombre équivalent de familles : « Vous devenez fermière chacune d'une de ces parts, et il vous faudra vivre là-dessus » ?

Objecterez-vous que chacune de ces familles, moyennant la vente par elle faite des brebis élevées ou engraissées sur son lot pourra se procurer en échange les autres objets indispensables à sa consommation ? Prenez garde ! vous allez rétablir inévitablement la monnaie comme instrument d'échange. Prenez garde encore ! car, sur le nombre de vos fermiers, il s'en trouvera qui obtiendront au delà de leurs besoins de consommation et deviendront à bref délai des capitalistes ! Vous ne pouvez pas songer, en effet, à évaluer exactement pour tous vos fermiers des besoins qui varient avec chaque famille et qui, dans la même famille, changent encore d'un moment à l'autre.

Autre difficulté. Comment déterminerez-vous le prix de fermage dont chacun devra compte à l'État ? L'État aura de nombreuses dépenses à couvrir. Quelle attitude prendra-t-il vis-à-vis des fermiers en retard pour le payement de leurs termes?

Et puis, les familles se transforment, se divisent ; les unes s'éteignent et d'autres se fondent. Il y aurait donc lieu à un remaniement incessant et très complexe de la répartition des lots entre les familles. Quel bureau de statistique oserait aborder une semblable tâche ?

De plus, comment surveiller ces dix millions de fermiers qui ne manqueraient pas de forcer la production d'aujourd'hui, au détriment de la production de demain, notamment les fermiers agricoles qui auraient la facilité d'épuiser très rapidement le sol ?

Autant de problèmes, qu'on ne saurait pratiquement résoudre sans se vouer à un arbitraire de tous les instants et aux mesures d'inquisition les plus insupportables.

L'hypothèse de l'État affermant aux individus ou aux familles les moyens de production doit donc être immédiatement écartée. Au reste, elle n'a guère eu de défenseurs parmi les collectivistes et leurs efforts tendent au contraire à faire prévaloir l'idée de l'État exploitant, administrant lui-même ces moyens de production.

Or, l'État, forme abstraite, est, à son tour, représenté par le gouvernement, forme concrète ; de sorte que la propriété de tous les moyens de production serait abandonnée entre les mains de quelques hommes, maîtres d'en disposer, maîtres de l'administrer, maîtres d'en distribuer les profits selon leur bon plaisir.

Au fond, ce serait l'application par le gouvernement collectiviste de cette vieille théorie de la *Directe universelle* ou du *Domaine éminent*, d'après laquelle, sous l'ancien régime, le roi était censé propriétaire unique de tous les biens du royaume, et qui triompha aux XVII^e et XVIII^e siècles, après que le pouvoir absolu du monarque eut étouffé la résistance des États généraux et les réclamations des théoriciens libéraux [1].

Telle est l'idée que M. Deschanel développait à la tribune de la Chambre, lorsqu'il disait :

« Cette théorie de la Directe universelle, tout cet ancien régime qui n'est que l'histoire des usurpations continuelles du pouvoir contre la propriété... ces abus de la force contre lesquels n'ont cessé de protester les légistes, les philosophes, les peuples et qui révoltaient la conscience humaine — c'est cela que vous voulez faire revivre, au profit du gouvernement de demain – le vôtre ! — de telle sorte qu'il puisse se considérer, lui aussi, comme le propriétaire de la nation et que tous les propriétaires de France ne le soient plus désormais qu'en vertu d'une concession de son bon plaisir ! Et vous croyez que parce que vous aurez transporté d'un monarque absolu à je ne sais quels pouvoirs anonymes éphémères et par conséquent irresponsables cette abominable tyrannie, vous l'aurez rendue moins odieuse ? » [2]

A vrai dire, il y aurait, entre cet ancien régime et le régime futur des socialistes, cette différence — avec bien d'autres — que, si théoriquement le roi était autrefois le propriétaire absolu et unique, en fait, à part quelques confiscations qui affirmaient de temps à autre le droit de propriété supérieure du roi, les individus restaient les maîtres et les vrais proprié-

---

1. L'*ordonnance de* 1692 parle de « la propriété supérieure et universelle du roi sur toutes les terres ».

2. Chambre des députés, 10 juillet 1897 (*Officiel* du 11 juillet, p. 1940).

taires de leurs biens, tandis que, dans la société collectiviste, toute appropriation individuelle des moyens de production serait rigoureusement réprimée, et il existerait seulement entre les individus une sorte de communisme idéal qui leur laisserait, en théorie, un droit de copropriété, mais, en réalité, les priverait de l'exercice de ce droit.

## § 2. — La nouvelle organisation de la propriété ne ressemblera à aucune autre.

A vrai dire, la nouvelle organisation de la propriété ne ressemblerait à aucune autre dans le passé ou dans le présent. Et c'est bien à tort que les collectivistes se réclament de l'exemple de certaines sociétés communistes qui auraient existé ou qui existeraient encore dans le monde.

Nous disons, bien à tort; car, d'une part, les principes et le fonctionnement de ces sociétés reposent sur des bases différentes de celles de la société collectiviste, et, d'autre part, elles ont rarement connu la prospérité.

I. — Nous n'insisterons pas sur les essais de communisme tentés à Lacédémone par Lycurgue et en Crète par Minos. Nous n'avons sur ces essais qui n'étaient point limités à l'organisation économique, puisque la communauté des femmes y était proclamée en même temps que la communauté des biens, que des renseignements assez vagues. On sait cependant que le travail était exécuté par des ilotes qu'on faisait marcher à coups de fouet, et que, malgré cette coercition, la tentative, loin d'aboutir aux résultats qu'en avaient espéré ses promoteurs, eut pour épilogue la ruine des deux peuples.

II. — Au moyen âge, il se fonda quelques sociétés ascétiques dont les membres mettaient leurs biens en commun et les exploitaient ensemble. Mais ce n'était là qu'un communisme volontaire, une association libre, une société de coopération si l'on veut; et ce qui garantissait le maintien de l'ordre, en même temps que la productivité des biens ainsi exploités, c'était l'harmonie existant entre les membres du groupement. L'intérêt personnel, la préoccupation de travailler le moins possible étaient absents chez ces hommes qui avaient volontairement consenti à fournir tout le travail qu'il plairait à leur supérieur de leur demander et à vivre dans une perpétuelle mortification, afin de gagner plus sûrement la vie éternelle. L'amour de Dieu, le mépris des jouissances terrestres et l'esprit de sacrifice, tels étaient les biens qui unissaient entre eux les associés et leur permettaient de vivre en régime communiste.

III. — C'est la même idée de fraternité, sans cesse entretenue par le souci de servir Dieu et de préparer la vie future, qui a permis de nos jours à quelques communautés agraires d'Amérique de subsister. Ces communautés ont dû leur naissance à des causes mystiques et non économiques, individuelles et non sociales. Et les causes qui ont déterminé leur éclosion sont aussi celles qui ont assuré leur existence.

Encore est-il intéressant de remarquer que, dans ce siècle, l'Amérique a vu se fonder plus de cinquante de ces sortes de communautés, et qu'à l'heure actuelle, c'est à peine s'il en subsiste quatre ou cinq [1].

IV. — Les socialistes ne peuvent pas davantage se réclamer de l'exemple du *mir* et de l'*artenne* russes.

Le *mir*, qui se retrouve dans la plupart des contrées de la Russie, et qui est d'origine patriarcale [2], est organisé de la manière suivante : la commune est considérée comme propriétaire du territoire, mais, en fait, les habitants se le partagent à intervalles périodiques. Au commencement, le sol était exploité en commun. Puis on fit des partages annuels entre tous les habitants mâles et majeurs. Peu à peu l'habitude s'est prise de faire intervenir ces partages moins fréquemment et de laisser les usufruitiers jouir du même lot pendant plusieurs années [3].

A un autre point de vue, le mir a aujourd'hui perdu son caractère antique. C'est que l'égalité n'est plus observée dans la répartition : il y a des habitants qui ne reçoivent aucun lot : ce sont *les paysans sans âmes* [4] ; il y en a au contraire qui reçoivent deux, trois, quatre et jusqu'à cinq lots.

---

1. *Revue politique et parlementaire*, n° du 10 avril 1897. Article de LEVASSEUR sur le socialisme aux États-Unis.

2. PAUL LEROY-BEAULIEU. — LAVELEYE.

3. D'après ANATOLE LEROY-BEAULIEU (*L'Empire des Tsars et les Russes*), la répartition se fait généralement tous les trois ans, mais quelquefois tous les neuf et même tous les douze ans. D'après LAVELEYE (*La Propriété et ses formes primitives*, p. 13), elle a lieu le plus ordinairement tous les neuf ans. Laveleye propose d'étendre jusqu'à dix-huit ou vingt ans, la durée de jouissance pour chaque lot.

4. ANATOLE LEROY-BEAULIEU dit que le gouvernement de Kostroma contient 98.000 paysans sans lot; celui de Tambof, 94.000; celui de Koursk, 77.000 (*L'Empire des Tsars et les Russes*).

D'autre part, un certain nombre de paysans ne pouvant ou ne voulant pas travailler, surtout depuis l'accentuation du mouvement d'émigration vers les villes, louent leur lot à des fermiers, ou le cèdent à des voisins. De la sorte, les uns voient leur part s'amoindrir, tandis que les autres parviennent à la grossir et à centraliser quelquefois entre leurs mains de gros revenus.

Enfin, il est à remarquer que le sol, seul, est propriété commune, et que les maisons, les jardins et d'une manière générale tous les instruments de travail restent propriété individuelle.

Une semblable institution n'est donc pas à mettre en parallèle avec le collectivisme qui, nous l'avons vu, repousse la propriété communale, écarte l'idée d'un partage, même temporaire, entre les individus, et supprime la propriété privée, non seulement du sol, mais de tous les moyens de production.

Au reste, ce qui nous démontre mieux que tous les raisonnements, l'opposition existant entre le *mir* et l'organisation économique et sociale qui nous serait faite par les collectivistes, c'est que le mot d'ordre a été donné aux socialistes russes d'encourager dans les *mirs* le mouvement de concentration individuelle du sol, dans l'espoir de substituer la propriété capitaliste à la propriété communale, et de hâter ainsi l'évolution de la propriété vers la forme collective[1].

L'*artenne* est tout simplement une association libre de travailleurs s'unissant pour acheter à frais

1. Ce renseignement a été fourni au collège libre des sciences sociales, 8, rue de Tournon, par un Russe, Maxime Kovalewsky, dans une conférence sur le mouvement social et intellectuel en Russie (20 novembre 1896).

communs des matières premières dans le but de les transformer ensemble et de se partager ensuite le profit réalisé C'est une sorte de société coopérative qui n'a aucun caractère obligatoire et qui reste indépendante de l'État.

V. — Les communes ou *dessas* javanaises se rapprochent beaucoup du *mir* par leur organisation.

La propriété du sol y est censée appartenir à Dieu, et par conséquent, en réalité, au souverain qui représente Dieu sur la terre. Mais le souverain concède aux communes ou *dessas* la jouissance d'un territoire déterminé. A son tour, la *dessa* partage périodiquement la jouissance de ce territoire entre les familles qui la composent.

Une semblable organisation s'explique à Java par une considération agricole. Le riz est la principale culture de l'île. Or, pour faire pousser le riz, il est nécessaire d amener beaucoup d'eau sur le sol et de se livrer par conséquent à de grands travaux d'irrigation. Ces travaux ne peuvent être utiles et ne sont possibles qu'à la condition d'être collectifs.

De même que pour le *mir* russe, il faut remarquer à propos de la *dessa* javanaise, que tous les habitants n'ont pas leur portion de jouissance. La plupart du temps, ceux qui ne possèdent pas de bêtes de trait sont exclus du partage. Quant aux portions attribuées, elles sont loin d'être égales, les chefs s'adjugeant de plus gros lots.

De plus, à côté de cette propriété collective dont l'usufruit est partagé entre les individus, il y a une propriété privée qui provient de ce fait que celui qui défriche une terre inculte en devient le légitime propriétaire.

Enfin, l'augmentation très grande de la population à Java a pour conséquence de diminuer de plus en plus le lot de chaque famille, et par conséquent d'augmenter le prolétariat, ce qui justifie les réclamations de ceux qui commencent à demander à grands cris, une nouvelle organisation fondée sur la propriété individuelle [1].

VI. — Dans certains cantons suisses, il y a encore des communaux très étendus, dont les habitants se partagent la jouissance. L'importance de ces communaux, ou *allmenden*, tend à diminuer, non pas en ce sens que leur étendue devienne moindre, mais en ce sens que, la population augmentant dans d'assez grandes proportions, le lot attribué à chacun est de moins en moins considérable.

Les communaux suisses se composent de trois parties distinctes : la forêt, la prairie et la terre arable, cette dernière de peu d'importance.

Le mode de jouissance varie selon les cantons. Mais une condition généralement requise pour être admis à profiter du bien commun, c'est de descendre d'une famille dont les ancêtres ont habité le pays depuis un temps immémorial.

Il est essentiel de remarquer que l'existence de ces communaux n'exclut nullement l'existence de la propriété privée. La plupart de ceux qui ont leur part de jouissance communale possèdent aussi des terres à titre de véritables propriétaires individuels [2].

---

1. V. LAVELEYE, *De la propriété et de ses formes primitives*, p. 49.
V. PAUL LEROY-BEAULIEU, *Le Collectivisme*, p. 101.

2. V. PAUL LEROY-BEAULIEU, *Le Collectivisme*, p. 126. — V. aussi LAVELEYE, *De la propriété et de ses formes primitives*, p. 267.

De ces quelques explications, il résulte bien que la propriété sociale organisée selon les théories collectivistes, c'est-à-dire exploitée par l'État ou plus justement par le parti au pouvoir, serait quelque chose d'absolument nouveau, et que le régime qu'elle instituerait serait sans précédent dans les annales de l'histoire.

C'est ce régime qu'il nous reste à examiner. Il s'agit de savoir de quelle manière l'État collectiviste résoudrait le problème de l'organisation de la production et celui de la répartition des revenus entre les individus.

Cette étude fera l'objet des chapitres suivants.

## CHAPITRE III

# ORGANISATION DE LA PRODUCTION

### § 1. — Détermination des limites de la production.

Elle est doublement nécessaire, d'après les principes socialistes. — Les écueils. — Impossible besogne. — Développement du fonctionnarisme.

### § 2. — Organisation du travail.

I. Distribution obligatoire des fonctions. — Personne ne voudra des fonctions répugnantes. — Système de Fourier sur « les attractions personnelles ». — Système de Deville sur la rémunération différente de l'heure du travail. — L'État emploiera la réquisition. — Qui déterminera les aptitudes de chacun ? — Personne ne connaîtra son métier. — Etouffement de la liberté. — Égalité violée malgré « l'alternance des fonctions », ou le « roulement ». — Production diminuée.

II. L'État déterminera la somme de travail à fournir par chacun. — Arbitraire inévitable.

III. La surveillance du travail. — Robert Owen et « l'éducation rationnelle ». — Proudhon et « l'enseignement industriel ». — Système du « contrôle mutuel », d'après Blanc et Schäffle. — Contradiction avec « le système des primes » de Schäffle. — Il faudra un grand nombre de surveillants. — Impitoyables ou complaisants. — Plus de liberté. — Plus d'égalité. — Inertie des individus.

## § 1. — Détermination des limites de la production.

Un des grands reproches adressé par les socialistes à la société actuelle, c'est de produire d'une manière irrégulière, anarchique, excessive pour les uns et insuffisante pour les autres.

« Dans la société d'aujourd'hui, disent-ils, la production abandonnée au caprice des intérêts individuels ne se règle qu'en partie sur les besoins des consommateurs. Le producteur produit avant tout pour le marché, c'est-à-dire pour vendre, pour faire un profit ; et comme il ne sait pas et ne peut pas savoir quelle sera la demande, il produit à l'aventure, tantôt guidé par de vagues conjectures, tantôt poussé par la nécessité de ne pas laisser son capital inactif...

Une nation socialiste ne peut pas laisser subsister cette production anarchique et déraisonnable...

... La première chose à faire est donc de déterminer les besoins de la société et de ses membres, ou, ce qui reviendra au même, de savoir ce qu'il faut produire [1]. »

A un autre point de vue, cette détermination préliminaire des limites de la production est en conformité étroite avec les principes socialistes. D'après ces principes, en effet, l'appropriation individuelle des moyens de consommation est seule licite ; celle des moyens de production constitue une injustice qu'il est du devoir d'un bon gouvernement de réprimer. Or, il est bien évident que si la production dépassait la mesure des besoins de consommation, il y aurait immédiatement appropriation par quel-

---

1. Georges Renard. *Le régime socialiste* (voir *Revue socialiste*, n° de décembre 1897, p. 658).

ques-uns du surplus produit, et, par là même, retour à la société capitaliste.

Il faudra donc que l'État commence par décider quelle quantité d'aliments devra être produite, quelle quantité de combustible devra être fournie, quelle quantité de tissus et de vêtements devra être fabriquée, et ainsi de suite pour tous les objets susceptibles de servir à la consommation, en prenant, bien entendu, le mot consommation dans son sens le plus large et en y comprenant non seulement les besoins individuels, mais aussi les nécessités d'ordre social.

Or, comment arriver à cette détermination? Nos adversaires reconnaissent eux-mêmes que ce ne sera point chose facile :

« C'est, dit Georges Renard, une opération de statistique, assez compliquée, mais qui n'est pas d'une difficulté décourageante [1]. »

L'opération ne sera pas seulement compliquée : elle sera dangereuse.

De deux chose l'une, en effet : ou bien l'estimation faite des besoins de consommation dépassera le quantum nécessaire, et alors il y aura surproduction, c'est-à-dire possibilité pour quelques-uns d'accumuler, de capitaliser; ou bien, au contraire, l'estimation sera au-dessous de la quantité de besoins à satisfaire, et alors la nation manquera du nécessaire et risquera, si l'erreur est importante, de mourir de faim.

Comment éviter ce double écueil ?

Et puis, quel comité de statistique se chargera de cette gigantesque et impossible besogne? Que

---

1. G. Renard. *Le Rég. soc.* (*Rev. soc.* déc. 1897, p. 659).

d'hommes ne faudra-t-il pas y employer! Quel temps ne faudra-t-il pas y passer! A quelles évaluations fantaisistes ne devra-t-on pas se résigner!

On parle beaucoup aujourd'hui de fonctionnarisme et de bureaucratie. Si ces mots désignent une maladie incontestable de notre organisme social et politique, combien plus, en régime collectiviste, ils correspondront à d'inexorables réalités! Nous aurons d'ailleurs l'occasion de revenir sur ce point de vue et de montrer à quelles complications bureaucratiques serait condamnée l'organisation du régime collectiviste.

## § 2. — Organisation du travail.

Supposons cependant que des statistiques parfaites ont établi exactement quelle quantité d'objets de consommation la collectivité doit produire. Il s'agit maintenant de savoir de quelle manière sera produite cette quantité déterminée d'objets de consommation; en d'autres termes, comment s'organisera la production.

Le travail étant le facteur essentiel de la production, l'organisation de la production dépend de l'organisation du travail. La collectivité ne produira qu'autant que les individus travailleront. Mais dans quelles conditions ces individus travailleront-ils dans la nouvelle société?

I. — Sera-t-il loisible à chacun de travailler de la manière et dans la mesure qu'il lui plaira?

La réponse à cette question ne saurait être douteuse. L'État ayant la responsabilité directe de la vie sociale du pays et étant par suite obligé d'assurer une production suffisante, ne pourra évidemment pas s'en rapporter aux initiatives individuelles. Il devra, d'une part, assigner à chacun une tâche déterminée et, d'autre part, exercer une surveillance de tous les instants pour s'assurer que les différentes tâches sont remplies.

L'instruction donnée aux individus par l'État devant être, d'après les vœux socialistes[1], obligatoire et la même pour tous, il s'ensuivra que les aptitudes de chacun seront sensiblement les mêmes dans la société collectiviste. Dès lors, il est bien évident que personne ne recherchera les fonctions répugnantes et pénibles. Si vous avez la même instruction que votre voisin, consentirez-vous volontiers à vider des fosses d'aisances, tandis qu'il flânera dans les bureaux d'un ministère? Assurément non. Voilà pourquoi nous disons que l'État devra procéder lui-même à la distribution obligatoire des emplois.

Fourier prétendait bien que, par le libre jeu des *attractions personnelles*, toutes les fonctions seraient remplies, et la production serait assurée. Mais son hypothèse, basée sur cette considération que chacun de nous se sent attiré plus particulièrement vers certains genres d'occupation que vers d'autres, ne saurait se justifier.

Si, dans certains cas, la diversité de préférences tient, en partie, à des causes plutôt individuelles que sociales, l'atavisme par exemple, on ne peut guère nier qu'elle vient le plus souvent du milieu ambiant et de l'éducation reçue. Or, si l'éduca-

---

1. *Programme du parti ouvrier*, par Jules Guesde et Paul Lafargue, p. 72. — *Revue socialiste*, n° d'août 1897, article de Pierre Deloire, intitulé: *De la cité socialiste*.

tion donnée aux individus par l'État collectiviste est, ainsi que nous l'avons indiqué, la même pour tous, les divergences d'attraction seront, de ce seul fait, singulièrement amoindries et atténuées.

Au reste, si grandes que soient ces divergences, on ne fera jamais que certains emplois ne soient pas préférés à d'autres. Il est certain que les plus honorables, les plus faciles, les plus propres seront toujours les plus enviés.

Gabriel Deville soutient un autre système. Il pense qu'en rémunérant davantage l'heure du travail difficile, dangereux ou répugnant, on trouvera des amateurs pour tous les emplois.

« C'est en excitant l'intérêt, dit-il, qu'on assurera l'exécution des travaux tout particulièrement dangereux ou répugnants, grâce à une majoration du prix de l'heure de travail ordinaire. On établira que quatre heures, par exemple, consacrées à une de ces spécialités ingrates équivaudront à 6 ou 7 heures de travail simple. Il n'y aura pas là, du reste, de détermination arbitraire : la différence pour un même gain entre le temps employé à des travaux ordinaires et celui employé à des travaux pénibles variera d'après l'offre et la demande de ces derniers travaux. On n'aura pas à condamner une catégorie de travailleurs à les exécuter[1]. »

Mais qu'est-ce donc cela, sinon la loi de l'offre et de la demande, cette vieille loi de la concurrence, tant réprouvée par les socialistes et qui est la base essentielle de la société capitaliste? Moins il y aura d'amateurs pour un genre de travail déterminé et plus ce travail sera rémunéré.

Au surplus, on peut se demander sur quels immenses et interminables marchés pourront se faire

1. *Aperçu sur le socialisme scientifique*, p. 35.

les innombrables adjudications que suppose un pareil système.

Et l'on peut se demander aussi où serait, dans la combinaison proposée par Deville, la supériorité de la société collectiviste sur la société actuelle, puisque, d'après cette combinaison, les individus seraient inégalement rétribués.

Il faut donc nécessairement reconnaître que le soin de répartir les fonctions entre les individus reviendra uniquement à l'État.

L'État devra dire à Pierre : Va labourer ce champ! — A Paul : Va décrotter ce monsieur! — A Jacques : Va réparer cette cheminée! — A Auguste : Va plaider cette cause! — A Louis : Va amputer la jambe de cette dame! etc.

Il n'y a là rien d'imaginaire de notre part. C'était l'avis de Louis Blanc et c'est encore l'avis de la plupart des socialistes.

« Il suffira, écrivait l'un d'eux, pour assurer le service de ces métiers d'en faire un service commandé, obligatoire, universel et personnel. Mais, dira-t-on, c'est de la contrainte! — Sans doute, *c'est de la contrainte, mais c'est une contrainte juste et officielle*[1]. »

Jules Guesde exprimait plus brutalement encore sa pensée à cet égard quand il disait à la Chambre des députés :

« En admettant que la loi de l'offre et de la demande n'arrive pas à assurer l'exécution de certains travaux dont personne ne voudrait, nous ne serons pas pour cela à bout de moyens : *il nous restera la réquisition*[2]. »

---

1. Pierre Deloire, *De la cité socialiste*. V. *Revue socialiste*, août 1897, p. 189.

2. Comme ce mot de réquisition soulevait de vives réclamations de la part des députés présents, Jules Guesde ajouta : « La ré-

Très bien ! Mais qui sera chargé de procéder à cette réquisition ? Quel jury se sentira la force et les aptitudes nécessaires pour déterminer, d'après les dispositions physiques et intellectuelles de chacun, celui des emplois qui doit revenir à chacun ?

Voyez-vous d'ici cette société où l'on sera contraint d'accepter une fonction pour laquelle non seulement on ne se sentira aucune disposition, mais encore qu'on sera peut-être absolument incapable de remplir ? Étrange société où les maçons construiront des maisons qui ne tiendront pas, où les coiffeurs couperont la gorge à ceux qu'ils seront chargés de raser, où les jardiniers planteront des melons là où il faudrait planter des arbres, et où l'on verra peut-être aussi, par un juste retour des choses, des médecins guérir leurs malades, des avocats éclaircir les affaires et des journalistes dire la vérité !

L'épilogue d'une semblable comédie où personne ne tiendra son véritable rôle sera infailliblement une diminution très grande dans la production. Cela se passe de démonstration.

A ce premier grief, nous en ajouterons un second — capital celui-là — c'est que ce régime de distribution obligatoire de fonctions, ce régime de contrainte officielle, ce régime de réquisition qui consisterait à

---

quisition de demain ne ressemblera en rien à celle d'aujourd'hui, en ce sens qu'au lieu de peser sur quelques-uns, elle sera répartie entre tous. Il y aura un roulement établi entre tous les membres valides de la société, chargés chacun à leur tour et pour quelques instants de pourvoir à ce qui serait une des conditions de l'existence sociale. Vous avez bien le service militaire, pourquoi n'aurions-nous pas notre service industriel ? »

Chambre des députés. Séance du 25 juin 1896 (*Officiel* du 26).

En vérité, nous ne sommes guère séduits par cette perspective d'une organisation du travail imitée de l'organisation de la caserne.

obliger les individus à faire malgré eux tel travail déterminé, serait l'étouffement complet, la négation pratique la plus audacieuse de la liberté.

Les socialistes se plaignent que, dans la société actuelle, le prolétaire n'est pas libre. « On vante à l'indigent le beau nom d'homme libre, disait Fourier, les droits imprescriptibles du citoyen, et il n'a ni la liberté de travailler et de prendre part aux fonctions qu'on lui a enseignées, ni le droit de requérir ce travail d'où dépendra sa subsistance [1]. » Et voici cependant qu'on nous propose un état social dans lequel l'individu n'aura pas même la liberté de choisir son genre d'occupation !

Et puis, pourquoi imposer à certains des travaux plus pénibles qu'à d'autres ? Que fait-on de l'égalité promise?

Sans doute, pour répondre à l'objection, Bebel proposait qu'il y eût entre les individus *alternance des fonctions*, et Jules Guesde parlait d'un *roulement* [2] qui permettrait de faire passer un peu tout le monde aux tâches difficiles ou répugnantes. Mais alors, si on est obligé d'être aujourd'hui horloger et de devenir demain vigneron, après avoir été hier homme de bureau, que saura-t-on faire de bon ?

Nous venons d'indiquer comme un des graves dangers de la répartition des fonctions par l'État une diminution de production résultant de ce fait que les travailleurs, étant donné l'impossibilité pour l'État de tenir exactement compte des aptitudes particulières, seraient souvent incapables

---

1. Cité dans l'*Almanach de la question sociale* pour 1894, p. 79.
2. Chambre des députés, séance du 25 juin 1896.

d'accomplir convenablement leur tâche. Combien plus un pareil inconvénient serait à redouter, s'il y avait entre les individus *alternance* ou *roulement* de fonctions !

II. — Après avoir, pour chaque individu, déterminé la nature de la fonction à remplir, l'État devra déterminer la somme de travail à fournir par ce même individu.

Comment le fera-t-il?

Il est bien certain qu'il ne peut pas laisser à chacun le soin de fixer la mesure de ses propres efforts. Ce serait l'anarchie et ce serait bientôt la famine.

L'État exigera-t-il donc « de chacun selon ses forces »? Nous avions toujours cru que cette formule, tirée d'ouvrages socialistes, exprimait bien la pensée socialiste. Deville cependant ne l'adopte pas, et voici les raisons qu'il nous en donne :

« De chacun selon ses forces! mais qui mesurerait les forces de chacun? Que ce fût l'individu lui-même ou un étranger, on se heurterait toujours à l'arbitraire.

Du reste, notre tendance n'est pas, ne peut pas être de tirer de l'homme le maximum d'efforts dont il est capable. Nous devons chercher au contraire à diminuer l'effort humain, à raccourcir le plus possible le temps de travail, afin d'augmenter le temps consacré aux jouissances [1]. »

Nous sommes d'accord avec Deville pour penser qu'on ne peut songer à exiger « de chacun selon ses forces » sans se vouer à l'arbitraire. Mais nous pensons aussi que les chances d'arbitraire seront encore plus grandes, si la somme de travail exigée des individus n'est pas en raison directe de leurs capacités respectives.

---

1. *Aperçu sur le socialisme scientifique*, p. 21.

Nous sommes encore d'accord avec Deville pour souhaiter au travailleur une diminution d'effort, mais nous constatons que Deville n'est pas plus avancé que nous, lorsqu'il s'agit d'indiquer le moyen de la réaliser.

Ainsi donc, l'État collectiviste sera bien dans l'obligation de déterminer la somme de travail à fournir par chacun, et les théoriciens du socialisme ne peuvent pas nous dire comment il s'acquittera de cette obligation.

III. — L'État devra aussi — la nature et la somme de travail une fois déterminées — s'assurer que les individus accomplissent consciencieusement leur tâche.

Or, la question se pose encore ici de savoir comment il y pourra arriver.

Il serait illusoire de compter que des hommes, contraints dans leur volonté et rivés de force à une besogne qui leur déplaira, s'appliqueront d'eux-mêmes à cette besogne, sans qu'il soit nécessaire d'exercer sur eux une surveillance étroite et de tous les instants. Et cependant quelques utopistes se sont bercés de cette vaine illusion.

Le patriarche du socialisme anglais, Robert Owen, déclarait qu'au moyen de l'*éducation rationnelle* et de la *bienveillance réciproque*, résultat de cette éducation, les hommes s'enflammeraient tous d'un beau désintéressement et n'auraient plus besoin d'être stimulés au travail.

La même thèse, légèrement modifiée, était reprise par Proudhon qui préconisait un *enseignement industriel*, lequel aurait pour but — et, pensait-il aussi, pour résultat — de faire considérer le travail non plus comme une corvée, mais comme un plaisir.

Seulement, ni Robert Owen, ni Proudhon ne nous ont expliqué de quelle manière les maîtres d'école socialistes s'y prendraient pour déraciner des esprits cette idée, vieille comme le monde, d'après laquelle le travail est considéré comme une dure nécessité.

Louis Blanc et Schäffle ont soutenu que le travail serait assuré par le seul fait du *contrôle mutuel* exercé par les ouvriers les uns sur les autres.

Mais peut-on croire que des hommes unis dans la même contrainte d'un travail forcé consentiront à s'espionner continuellement et à se faire les dénonciateurs les uns des autres? Loin de rivaliser de zèle et d'activité, ne subiront-ils pas plutôt une certaine émulation de nonchalance et de paresse?

Les ateliers nationaux de 1848 étaient ainsi basés sur le principe du contrôle mutuel, et il n'est pas besoin de rappeler leur déroute piteuse, après trois mois d'existence. Si l'illusion était permise avant 1848, elle ne l'est plus aujourd'hui, et l'on s'étonne à bon droit de voir un homme comme Schäffle la partager. On s'en étonne d'autant plus que Schäffle a, d'autre part, soutenu le *système des primes*, d'après lequel les ouvriers les meilleurs et les plus laborieux recevraient, en plus de la rémunération normale de leur travail, des primes de faveur et d'encouragement.

Entre les deux théories, la contradiction est flagrante ; car, le travail le plus actif étant récompensé dans une plus large mesure, et par conséquent la paresse de l'un multipliant pour l'autre les chances d'obtenir des primes, chacun aura intérêt à voir flâner son voisin et se gardera bien de le stimuler par la menace d'une dénonciation.

On est donc bien obligé d'admettre la nécessité d'une surveillance exercée sur les travailleurs par d'autres que par eux-mêmes, par des agents spéciaux et uniquement chargés de ce rôle.

De plus, si l'on veut que cette surveillance soit utile et offre des garanties sérieuses, il faudra qu'elle soit très étroite, et, par suite, qu'elle occupe un grand nombre de gens. La moitié de la nation sera employée à faire marcher l'autre moitié. Chaque travailleur aura derrière lui un gardien, et alors, de deux choses, l'une : ou bien ce gardien sera tout à son devoir, c'est-à-dire impitoyable et prêt à user du knout et de la schlague contre les récalcitrants ; ou bien il sera complaisant et vénal, c'est-à-dire disposé à fermer les yeux sur la paresse de celui qui ne voudra pas marcher[1].

Ici encore, que fait-on de cette liberté individuelle dont un vétéran du socialisme, Pierre Blanc, disait : « N'oubliez jamais que c'est pour la liberté individuelle qu'a été faite notre immortelle Révolution[2] ! »

Et que devient l'égalité promise par les prophètes du collectivisme, puisque, d'après Benoît Malon, « des hommes élevés pour obéir et commander ne sauraient jamais être égaux[3] » ?

Il y a plus. Malgré cette violence qui — le régime de l'esclavage mis à part — serait sans précédent dans les annales de l'histoire, l'État rencontrerait, dans l'inertie des individus, un obstacle contre lequel

---

1. « Ne voyons-nous pas les ouvriers des industries de l'État courbés comparativement sous un joug plus pénible à secouer ? » G. Deville, *Aperçu sur le socialisme scientifique*, p. 47.

2. Paroles rapportées à la Chambre par Clovis Hugues, le 28 janvier 1894.

3. Lettre adressée par Benoît Malon à Jourde, de Milan, le 3 juin 1875 (V. *Revue socialiste*, n° de septembre 1890, p. 220).

il se heurterait infailliblement, sans jamais pouvoir le briser.

Si, en effet, moi, individu, malgré les menaces, malgré les coups, je refuse d'accomplir la tâche à laquelle l'État m'aura condamné, quel moyen pratique l'État aura-t-il à sa disposition pour m'y contraindre? La prison? Mais la prison, ou bien je la redouterai, et alors, feignant en apparence d'accepter la besogne, je m'y consacrerai à contre-cœur, je travaillerai le moins possible et assurément très mal; ou bien, au contraire, elle ne m'effrayera pas, je la subirai et je dirai à l'État : « Nourrissez-moi! » Et l'État qui aura ôté aux individus les moyens qu'ils avaient de produire et qui, par conséquent, aura pris à sa charge la responsabilité de la vie des individus, l'État sera bien obligé de me nourrir [1].

Étouffement de la liberté, inégalité des citoyens, arbitraire sur toute la ligne et impossibilité d'application, tels sont donc les inconvénients inévitables de l'organisation du travail dans la société collectiviste.

---

1. « S'il se trouve des paresseux qui refusent toute espèce de travail, ces malades ne mourront pas de faim dans une cité qui sera aussi riche en moyens de consommation, mais on les réduira au strict nécessaire. » PIERRE DELOIRE, *La Cité socialiste*. (V. *Revue socialiste*, nº d'août 1897, p. 1905).

## CHAPITRE IV

### RÉPARTITION DES REVENUS

#### 1. — SOUS QUELLE FORME LES PRODUITS SERONT-ILS DISTRIBUÉS ?

Distribution en nature impossible. — L'aveu des socialistes.

Emploi des bons d'échange. — Usage de la monnaie toujours nécessaire pour le commerce international.

#### § 2. — « A CHACUN SELON SES BESOINS. »

Formule logique avec les principes socialistes. — Adoptée par Blanc, par Cabet, par le Congrès de Gotha, etc.

De quels besoins s'agit-il ? — Où est la limite ?

Comment reconnaître les besoins de chacun ? — « Enquête officielle ». — Qui choisira les fonctionnaires ? — Pas l'État. — Ils devront être élus. — Inconvénients. — Impossibilité. — La déclaration de leurs besoins par les intéressés eux-mêmes. — « Les bureaux officiels. »

Personne ne voudra travailler.

#### § 3. — « A CHACUN SELON SES ŒUVRES. »

Formule contradictoire de la précédente. — Adoptée par Saint-Simon, Fourier, Marx, etc.

L'ouvrier ne touchera jamais le produit intégral de son travail. — Prélèvements plus nombreux que dans la société actuelle. — Frais d'outillage. — Frais de direction. — Entretien des enfants et des invalides. — Hygiène, voirie, instruction, etc. — Les tripotages à craindre. — Ce que nous voyons aujourd'hui.

Que rémunérera-t-on dans le travail? — Le résultat? mais il n'y aura plus rémunération selon les œuvres. — L'effort? — Mais comment l'évaluer?

Impossibilité d'expliquer la formule.

### § 4. — Système de répartition combiné des deux précédents.

Proposé par Renard. — Reconnu par lui très difficile.

### § 5. — Autres systèmes de répartition.

Répartition faite par des « collèges électoraux ». — Impossible.

« Même rétribution sociale pour chacun. » — Plus d'encouragement au travail.

Les socialistes reconnaissent leur impuissance à présenter un système de répartition équitable.

Supposons cependant l'État collectiviste parvenu à organiser la production d'une façon tolérable et régulière. Accordons à nos adversaires que le travail des individus ne sera pas stérile. Et demandons-nous comment va se résoudre le problème de la répartition des revenus de la collectivité entre les individus.

Schäffle reconnaissait que ce problème était « le point le plus faible et le plus obscur du programme socialiste ». De fait, les socialistes l'ont résolu par des systèmes absolument différents et contradictoires. Les uns disent : il faudra donner à chacun selon ses besoins. D'autres : à chacun selon son travail, etc.

Mais, avant de rechercher sur quelle base pourrait se faire la répartition des revenus, il paraît intéressant de rechercher aussi sous quelle forme elle serait faite.

## § 1. — Sous quelle forme les produits seront-ils distribués ?

Les théoriciens socialistes ne se sont guère expliqués clairement à cet égard. Leurs ouvrages et leurs discours sont remplis d'anathèmes contre la monnaie, cet instrument déplorable du capital. Est-ce donc qu'ils entendent la supprimer dans le régime qu'ils veulent établir ? Et penseraient-ils qu'on puisse faire à chacun une distribution en nature ?

Nous savons que ces théoriciens aiment assez les impossibilités pour ne pas se laisser effrayer par celles que comporterait un semblable mode de distribution.

Georges Renard pourtant écrivait :

« Il faut dire qu'il n'y aurait aucun avantage, ni *souvent aucune possibilité* à ce que chacun reçût en nature le produit qu'il peut avoir créé. Voyez-vous les ouvriers ayant travaillé à fabriquer une locomotive, recevant qui une roue, qui un piston, qui une chaudière? Vous figurez-vous même, si l'on interprétait à la lettre la formule précédente, ce qui reviendrait au professeur ayant donné une leçon ou au travailleur ayant dragué une rivière [1] ? »

Les collectivistes parlent souvent de bons d'échange [2]. Or, qu'est-ce que la monnaie, sinon un instrument d'échange ?

---

1. « Le régime socialiste » (V. *Revue socialiste*, octobre 1897, p. 417).

2. « La répartition des produits se ferait en liquidant des bons

Les gouvernements socialistes pourront changer la forme de la monnaie, supprimer le métal et le remplacer par du papier. Ce sera toujours de la monnaie, avec cette différence qu'on pourrait bien, dans la société collectiviste, se souvenir des assignats d'il y a cent ans, et n'accorder aucune confiance aux morceaux de papier émis par l'État.

Dans tous les cas, il faudra bien toujours conserver la monnaie d'or et d'argent comme instrument d'échange pour le commerce international, à moins que le nouveau régime n'entende condamner les habitants d'un pays à se contenter de leurs propres ressources et les priver de tous produits étrangers.

## § 2. — « A chacun selon ses besoins. »

*A chacun selon ses besoins!* Voilà bien une formule qui nous apparaît comme le terme idéal des données socialistes.

N'est-ce point par elle, en effet, que les orateurs révolutionnaires cherchent le plus à séduire l'électeur, et n'est-ce point à cause d'elle qu'une partie du prolétariat se rallie au drapeau collectiviste?

« Il s'agit, écrivait un ouvrier socialiste allemand, Weitling, d'assouvir nos passions, de satisfaire tous les besoins du corps. Travaillons donc à détruire la propriété, cause de tous les maux, et à établir le communisme, source de toutes les jouissances [1]. »

Oui, il faut que chacun ait selon ses besoins, mais,

---

de travail dans les magasins publics de livraison ». SCHÆFFLE (*Quintessence du socialisme*, trad. de Malon, éd. de la bibl. pop. p. 100).

1. *Garanties d'harmonie et de liberté.*

ajoutent immédiatement les théoriciens, il ne faut pas qu'il ait au delà de ses besoins [1]. Autrement, c'est l'économie, c'est l'épargne, cette épargne maudite dont Gabriel Deville disait : « Si l'épargne pouvait être propagée, elle serait une duperie [2]. »

La formule « A chacun selon ses besoins », qui s'analyse, on le voit, en deux idées essentiellement socialistes, a été défendue autrefois par Louis Blanc et Cabet. Nous la retrouvons dans les résolutions prises en 1875 au Congrès de Gotha. Le Congrès réclamait l'appropriation par l'État des instruments de travail, afin que chacun puisse

« recueillir du fruit de ce travail commun la part nécessaire à la satisfaction de ses besoins raisonnables. »

L'école socialiste allemande, qui affirmait ainsi ses idées sur la répartition des revenus nationaux, n'a guère modifié ses vues depuis 1875.

Il faut reconnaître que, dégagée de toute idée de réalisation pratique, considérée d'une façon abstraite, idéale, cette formule ne laisse pas que d'être séduisante. Mais nous avons à nous demander si elle est autre chose que l'expression d'un rêve et s'il serait possible de l'adapter en fait à l'organisation collectiviste.

Et d'abord, de quels besoins s'agit-il ? Veut-on parler seulement de ce qui est indispensable à l'existence, ou bien comprend-on dans ce mot la satis-

---

1. « Il est certain que l'idéal, en pareille occurrence, est que la production fasse équilibre à la consommation, de façon qu'il n'y ait ni trop, ni trop peu, ni gaspillage, ni manque. » Georges Renard, « Le régime socialiste » (V. *Revue socialiste*, décembre 1897, p. 658).

2. *Aperçu sur le socialisme scientifique*, p. 60.

faction de tous les désirs, de toutes les fantaisies qui naissent pour l'individu du milieu ambiant, de la mode, ou d'une plus ou moins grande avidité de jouissances, et qui se superposent aux besoins vrais?

Faut-il entendre, comme Georges Renard, le mot besoin « dans son sens le plus strict » et admettre avec lui

« que tout travailleur doit être assuré de vivre, que ses besoins *essentiels* doivent être satisfaits, qu'un *minimum* de bien-être (logement, chauffage, nourriture, vêtement) est dû même à celui dont l'activité aboutit à des résultats de minime valeur »?

Ou bien faut-il reconnaître que la société collectiviste devra, suivant la promesse de Louis Blanc, satisfaire à l'infini les besoins des individus, et que, selon l'expression de Désiré Descamps,

« le monde cessera bientôt d'être une vallée de larmes pour devenir « un empyrée », distribuant la science, la paix et le bonheur à tous les enfants de la terre [1] »?

Voilà un point sur lequel les socialistes feraient bien de se mettre d'accord.

Si cependant on admet la première hypothèse, que d'objets de consommation ne va-t-on pas être obligé de supprimer, d'interdire, parce qu'ils ne sont pas indispensables!

Si, au contraire, on admet la seconde hypothèse, on se heurtera tout de suite à d'insurmontables difficultés. Lorsque, par exemple, on débitera un bœuf sur le marché national, qui voudra

---

1. « Le problème de l'amour », par Désiré Descamps (*Revue socialiste*, juillet 1897, p. 45).

prendre la charge et consentir à ce qu'un voisin reçoive le filet ?

Ensuite, comment connaître les besoins de chacun ? Qui sera chargé de procéder à cette gigantesque entreprise ? L'État ? ou bien les individus eux-mêmes ?

Blanc et Cabet prétendaient qu'il y aurait lieu de faire une *enquête officielle*. Soit ; mais qui fera l'enquête ?

Encore des fonctionnaires.

Or, il est bien évident que ces fonctionnaires ne pourront pas être nommés par le gouvernement, car alors il serait trop facile au gouvernement d'affamer ses adversaires politiques. Il faudra qu'ils soient élus par le peuple lui-même. Et l'on comprend toutes les difficultés qu'un tel mode de recrutement ne manquera pas d'engendrer.

Nous voyons tous les jours ce qui se passe lorsqu'il s'agit de nommer un député on un conseiller général. Le candidat est en butte à mille et mille sollicitations : celui-ci veut être cantonnier ; celui-là demande pour son fils une bourse dans un collège de l'État ; cet autre réclame un bureau de tabac. Et cependant, dans la société actuelle, les élus du suffrage universel ne disposent pas directement de ces emplois ou de ces faveurs : ils sont simplement supposés avoir une certaine influence vis-à-vis de ceux qui en disposent. Que sera-ce donc le jour où ces élus, chargés de déterminer les besoins de chacun, disposeront ainsi directement du bien-être et même de la vie des individus ? Quel trafic ! Quel marché universel ! Quelle halle gigantesque où, au lieu de gros mots, on entendra retentir des promesses électorales, et où on débitera les privilèges, l'aisance, le bien-être, au lieu de débiter des légumes ou du poisson !

Et si on admet que la transformation sociale aura eu — comme l'on rêvé quelques-uns, — ce résultat de rendre l'homme meilleur et d'assurer en lui le triomphe définitif de l'ange sur la bête; si on suppose que la disparition de la propriété aura amené la disparition de l'égoïsme, de la cupidité, de la soif de jouissances et développé d'une manière indéfinie les sentiments d'altruisme et de désintéressement; si enfin — oubliant les exemples éloquents de l'histoire, notamment l'aventure des ateliers nationaux en 1848 ou la catastrophe de la banque Proudhon — on accorde aux croyants socialistes que les fonctionnaires de la société collectiviste seront des hommes parfaits au point de vue de l'honnêteté et que l'idée d'une préférence accordée par eux à leurs amis doit être écartée, s'ensuivra-t-il que les fonctionnaires soient en même temps des hommes infaillibles et que, inaccessibles à l'injustice, ils le soient aussi à l'erreur ? Peut-on raisonnablement penser qu'ils ne se tromperont pas au cours de leurs complexes estimations ?

Vos fonctionnaires pourront, sans doute, pénétrer dans les demeures, fouiller les papiers de famille, suivre les individus dans un espionnage perpétuel, en un mot rechercher par les moyens les plus inquisitoriaux les besoins de chacun. Vous leur donnerez même le droit de faire passer à tout le monde, hommes et femmes, vieillards, adultes et enfants, de véritables conseils de revision dans lesquels seront découvertes, discutées et mesurées les infirmités et les faiblesses de chacun. Oui, vos fonctionnaires feront tout cela, mais encore une fois, malgré ces mesures destructives de la liberté et de la tranquillité des citoyens, vos fonctionnaires parviendront-ils à déterminer respectivement les besoins de chaque individu?

Que s'ils parvenaient à saisir le détail de ces besoins pour un moment donné, il est bien évident qu'ils ne pourraient pas suivre les changements apportés par le hasard, par la mort, par les maladies, par les événements de famille. Une statistique juste aujourd'hui cesserait de l'être demain, et il faudrait à tout instant recommencer l'impossible besogne.

Nous devons donc écarter l'hypothèse d'une enquête officielle menée par les soins de fonctionnaires de l'État et reconnaître que seuls les individus eux-mêmes auraient quelques chances de connaître leurs propres besoins.

Schäffle a d'ailleurs soutenu ce système de libre détermination des besoins par les intéressés eux-mêmes.

« La libre détermination des besoins, dit-il, est certainement la base fondamentale de la liberté en général... C'est pourquoi on se demande si le socialisme abolit ou non la liberté individuelle de la détermination des besoins. S'il l'abolit, il est hostile à la liberté, à toute individualisation et, par conséquent, il est contraire à la civilisation et il ne pourra jamais satisfaire les impulsions les plus enracinés de l'homme [1]...

Si le socialisme voulait abolir la liberté des besoins individuels, il devrait être regardé comme l'ennemi mortel de toute liberté, de toute civilisation, de tout bien-être intellectuel et matériel. Tous les avantages qu'apporte avec lui le socialisme ne compenseraient pas la perte de cette liberté fondamentale [2]. »

1. *Quintessence du socialisme*, traduction de Benoît Malon, 2e édition Derveaux, 1881, p. 44.
2. *Id.*, p. 47.

Aussi, Schäffle propose-t-il de créer des bureaux officiels où chaque citoyen ferait enregistrer ses besoins et recevrait un nombre de bons proportionnés à ces besoins.

La conséquence d'une semblable organisation serait inévitablement l'arbitraire, puisque chacun serait juge dans sa propre cause. Voici ce qu'écrit Gabriel Deville à ce sujet :

« Si l'organisme producteur est tel que les produits soient en quantité suffisante pour que chacun puisse consommer à sa guise, sans restreindre la consommation des autres, pourquoi ne pas dire : à chacun suivant sa volonté? Si les produits sont en quantité insuffisante pour satisfaire complètement tous les besoins de tous, comment proclamer le droit de chacun à consommer proportionnellement à des besoins par lui-même appréciés[1] ? ».

On peut se demander en outre si les individus seraient à même d'apprécier sans difficulté leurs besoins. Est-ce que, par exemple, on ne verrait pas des femmes hésiter longtemps pour savoir si elles ont besoin de douze plumes à leur chapeau, ou si leur beauté peut s'accommoder de six?

Enfin, l'argument capital que l'on peut opposer à la théorie « à chacun selon ses besoins », c'est celui-ci :

Si tout le monde est assuré d'avoir selon ses besoins, qui voudra travailler? Qui consentira à subir un labeur forcé, à prendre de la peine, à user peut-être sa santé, tout au moins à dépenser ses forces, si, au bout du compte, on ne doit en avoir ni plus ni moins? . .

1. *Aperçu sur le socialisme scientifique*, p. 22.

Or, si personne ne travaille, personne ne produira, et si personne ne produit, le problème de la répartition deviendra oiseux et ne se posera plus. Ce sera la ruine du pays, la misère universelle, la famine.

Voilà bien un nouveau motif et très sérieux de renoncer à distribuer « à chacun selon ses besoins » et de chercher par conséquent un autre système de répartition.

## § 3. — « A chacun selon ses œuvres. »

*A chacun selon ses œuvres!* ont déclaré d'autres socialistes, donnant ainsi pour base au problème de la répartition, une formule qui est absolument l'opposé de la précédente. En effet, si on donne à chacun suivant ses besoins, il arrive que les mieux rémunérés sont précisément les malades, les infirmes les faibles, en un mot, les plus incapables de produire[1]; tandis que si on donne à chacun suivant ses œuvres, les plus faibles sont écrasés par les plus forts.

« A chacun suivant ses capacités; à chaque capacité suivant ses œuvres », disait Saint-Simon.

Et Fourier écrivait à son tour : « A chacun selon son capital, son travail, ses talents. »

C'est aussi le système de Karl Marx et de ses disciples. Si Karl Marx demande la transformation sociale de la propriété, c'est, nous l'avons vu[2], parce qu'il se plaint que, dans la société actuelle, l'ouvrier

1. V. Yves Guyot, *La Tyrannie socialiste.*
2. Voir plus haut, 1re partie, p. 43 et suivantes.

ne touche pas, ne pourra jamais toucher le produit intégral de son travail.

Jaurès reprend l'idée de Marx et s'écrie pompeusement :

« Avec le socialisme, avec le système collectiviste qui donne à la nation organisée la propriété des moyens de production et aux travailleurs tout le produit de leur travail, pour la première fois depuis l'origine de l'histoire, chaque producteur sera consommateur dans la mesure qu'il sera producteur[1] ! »

Eh bien, cette promesse de donner au travailleur le produit intégral de son travail, l'État collectiviste la tiendra-t-il?

Les socialistes font valoir qu'à la différence de ce qui se passe dans la société actuelle, rien, dans leur société future, ne sera prélevé pour représenter ce qui constitue le bénéfice du capital et qui se justifie aujourd'hui par la nécessité de mettre quelque chose de côté pour subvenir aux dépenses futures et aussi par les risques courus.

Soit. Mais les autres prélèvements reprochés aujourd'hui au capital, ne doivent-ils pas se retrouver? Ne s'en fera-t-il pas même de nouveaux?

Parlons d'abord des prélèvements représentant les frais d'outillage. Voici, par exemple, une machine à tisser[2]. On a employé pour la construire 500 journées de travail qu'il a bien fallu rémunérer et qui n'ont cependant produit aucun objet de con-

1. *L'organisation socialiste.* Article paru dans la *Revue socialiste*, n° de mai 1896.

2. Nous prenons cet exemple parce qu'il est simple. Mais ce qui est vrai pour l'industrie l'est aussi pour l'agriculture, qui a besoin d'outillage et, dans une certaine mesure aussi, de direction intellectuelle.

sommation. La machine fonctionnera 10 ans et nécessitera chaque année 20 journées de réparation ou entretien. Dans ces conditions, allez-vous donner aux ouvriers tisserands le produit intégral de leur travail? Non. Il est bien évident que, sur ce produit, il faudra prélever chaque année, de quoi amortir les journées payées pour la construction de la machine, soit le dixième de 500, c'est-à-dire 50, et encore de quoi payer les 20 journées de réparations annuelles, soit un total de 70 journées. Bien plus, il faudra prélever aussi de quoi représenter les journées de travail employées à construire ou à réparer les outils et les machines qui ont été nécessaires pour la fabrication de la machine à tisser.

En second lieu, le travail manuel ne sera productif qu'à la condition d'être accompagné d'un travail de direction intellectuelle qui, sans être lui-même facteur direct de production, aidera, facilitera, multipliera cette production, la provoquera même bien souvent par son initiative et ses découvertes, et devra par là même être rémunéré au moyen d'un nouveau prélèvement.

D'autre part, il faudra bien assurer l'existence des vieillards, des enfants, des femmes, des malades, en un mot de tous les infirmes et de tous les faibles[1]. On ne peut se dissimuler qu'il n'y ait là une source de gros prélèvements.

Est-ce tout ? Non. L'État devra faire face à des dépenses très considérables. Dépenses pour rémunérer les fonctionnaires qui seront très nombreux (inspecteurs, contrôleurs, répartiteurs, etc.), qui ne

---

1. GEORGES RENARD, *Le Régime socialiste* (V. *Revue socialiste* oct. 1897, p. 417).

produiront pas et que le gouvernement socialiste ne manquera pas quand même de payer grassement[1]. Dépenses de voirie. Dépenses pour la construction et l'entretien des monuments publics, pour le percement de nouveaux canaux. Dépenses destinées à couvrir les frais généraux d'administration. Dépenses relatives à la satisfaction des besoins communs d'hygiène. Dépenses concernant l'instruction. Etc.

« Ce que la collectivité aurait reconnu nécessaire aux besoins publics, dit Schäffle, serait directement prélevé dans les entrepôts publics et employé à la solde des fonctionnaires publics... Il est singulier que cette rigoureuse

---

1. Ne voit-on pas aujourd'hui des maires et des conseillers municipaux socialistes se voter de grosses indemnités? Le maire de Roubaix, qui s'était fait voter une indemnité de 4.800 francs en 1893, s'est vu octroyer 13.500 francs en 1895. — Un numéro du *Gaulois* d'avril 1894 exhume les notes de deux déjeuners à deux couverts que firent les communards Rigault et Da Costa pendant la Commune :

| DÉJEUNER DU 10 MAI | | DÉJEUNER DU 15 MAI | |
|---|---|---|---|
| Nuits | 15 » | Pomard | 5 » |
| Clos-Vougeot | 12 » | Nuits | 10 » |
| Pain | » 51 | Clicquot | 13 » |
| Hors-d'œuvre | 3 » | Pain | » 50 |
| Sole | 3 » | Hors-d'œuvre | 1 60 |
| Chateaubriand aux truffes | 8 » | Maquereau | 3 » |
| Poulet | 12 » | Côte provençale | 3 75 |
| Salade | 1 50 | Poulet | 12 » |
| Fromage | » 75 | Salade | 1 50 |
| Oranges | 2 » | Fromage | » 50 |
| Café, liqueurs | 4 » | Glace | 3 » |
| Cazadores | 6 » | Café | 3 » |
| | | Cigares | 6 » |
| Total | 67 75 | Total | 62 85 |

Ces déjeuners n'étaient pas une exception. Jusqu'au 22 avril, les frais de table de la préfecture de police s'élevèrent à 18.152 francs. Il est vrai que, dans un déjeuner de 15 couverts, on absorbait 74 bouteilles de vin de Beaune et, dans un déjeuner de 10 couverts, 49 bouteilles de Mâcon (ceci, bien entendu, sans préjudice des vins que l'on trouva en abondance dans les caves de la Préfecture).

conséquence, dont l'imposante simplicité abolit le système actuel des impôts, n'ait pas été déduite, ou du moins ne soit pas encore examinée en détail par les socialistes[1]. »

... Il est regrettable que beaucoup de socialistes aient crié par-dessus tous les toits aux prolétaires, dans un esprit absolument anticollectiviste, que chaque travailleur doit recevoir l'équivalent complet du produit de son travail, tandis que dans l'État socialiste, comme dans l'État capitaliste, ce n'est qu'après déduction faite de la somme nécessaire aux charges publiques, que le total des produits pourra être réparti entre les travailleurs, en raison du temps et de l'intensité du travail industriel[2]. »

Ces dépenses seront d'autant plus fortes que les socialistes ont une tendance à les exagérer, même sous le régime capitaliste. Dans les communes administrées aujourd'hui par des conseils municipaux socialistes, le budget communal, au lieu d'être allégé, grossit généralement. On éprouve le besoin d'innover, de construire beaucoup, de multiplier les emplois : tout cela amène une augmentation considérable de dépenses[3]. Or, plus l'État sera omnipotent, c'est-à-dire plus il aura de fonctions, plus il sera entraîné à multiplier les dépenses.

Parlerons-nous aussi des tripotages, d'autant plus à craindre de la part des membres du gouvernement et des fonctionnaires que ceux-ci auront des pouvoirs plus étendus ?

---

1. *La Quintessence du socialisme* trad. de Malon, éd. de la bibl. pop. p. 109.

2. *Id.*, p. 137.

V. aussi Deville, *Principes socialistes*, p. 37.

3. C'est ainsi qu'à Roubaix — pour ne point changer d'exemple — le budget de la commune portait, en 1894, 74.000 francs de dépenses de plus qu'en 1893. Comme il fallait boucher le trou, le conseil municipal augmenta les droits d'octroi, et il a fallu que le préfet refusât d'approuver la surtaxe de cet impôt qui est, à vrai dire, un des plus contraires à l'esprit démocratique.

« Les services publics monopolisés par l'État, s'ils sont une malédiction pour les ouvriers, écrivaient Jules Guesde et Paul Lafargue, sont une bénédiction pour les budgétivores et constituent un puissant moyen de corruption sur les hommes au pouvoir[1]. »

Si de tels inconvénients existent dans la société actuelle où les pouvoirs de l'État sont limités, combien plus ils existeront dans la société collectiviste où l'État sera le maître absolu de la vie économique du pays et où le gouvernement sera chargé de distribuer le travail et d'en répartir les revenus?

Objectera-t-on que la société future sera dirigée par des hommes plus intègres et plus désintéressés que ceux d'aujourd'hui ? En vérité, cela ressemblerait à une plaisanterie.

Ce qu'il nous est donné de voir tous les jours des administrations et des administrateurs socialistes n'est guère fait pour nous inspirer confiance. Si l'on voulait faire l'histoire des tripotages dont les gestions socialistes ont été salies, on aurait vite rempli un volume. Conseillers municipaux emportant pour eux la viande des fourneaux économiques[2], ou bien faisant obtenir des concessions de travaux moyennant pots-de-vin[3] ; employés volant la caisse de l'Assistance publique[4], etc., ce sont là choses auxquelles les socialistes nous ont, depuis longtemps, habitués.

---

1. *Programme du parti ouvrier*, p. 121.
2. Roubaix : séance de mars ou avril 1894. — L'adjoint Branquart accuse publiquement le conseiller Dezrelle.
3. Affaire Delague, conseiller municipal de Marseille, accusé de nombreuses escroqueries.
4. Affaire Henri Neveu, un autre socialiste, représentant à la Bourse du Travail la corporation des ouvriers belges et qui se pend pour éviter des poursuites.

Mais, en admettant que la transformation sociale de la propriété puisse changer les appétits en dévouement et les spoliations en générosités, en admettant que les fonctionnaires du gouvernement socialiste seront de petits saints, et en ne tenant pas compte des tripotages dont la prévision est cependant si justifiée, il n'en reste pas moins établi que, loin de donner à chacun le produit intégral de son travail, la société collectiviste exercera sur ce produit des prélèvements nombreux et autrement considérables qu'aujourd'hui [1].

Cette première constatation faite, on peut se demander comment devra s'interpréter la formule « A chacun selon ses œuvres » et comment sera évalué le travail de chacun. Sera-ce d'après l'effort dépensé ou d'après le résultat obtenu ? En d'autres termes, faudra-t-il proportionner la rémunération au *quantum de travail* fourni, ou à la *valeur de l'objet* produit ? Par exemple, celui qui apportera au magasin national un hectolitre de blé sera-t-il payé selon le travail par lui dépensé pour l'obtention de cet hectolitre de blé, ou, au contraire, selon la valeur de l'hectolitre de blé ?

Pour Karl Marx, la question est oiseuse. D'après lui, en effet,

« c'est seulement le quantum de travail ou le temps

1. Parlant de cette formule d'après laquelle, dans la société collectiviste, le travailleur touchera le produit intégral de son travail, Gabriel Deville dit :

« Je prétends qu'on ne devrait plus exhiber cette formule pour celle de la rémunération future, parce qu'elle dit très mal ce qu'on a raison de vouloir lui faire dire, et qu'elle oblige ainsi à savoir d'avance ce que pensent ceux qui l'emploient, pour comprendre ce qu'ils disent ». *Principes socialistes*, p. 230.

nécessaire dans une société donné à la production d'un article qui en détermine la quantité en valeur[1]. »

Mais nous savons ce qu'il faut penser de cette théorie de la valeur, et combien elle est en opposition avec l'observation la plus élémentaire des faits économiques[2].

Et il n'est pas peu intéressant de constater avec quelle désinvolture maints collectivistes d'aujourd'hui négligent cette argumentation qui, dans l'esprit de Marx, servait de base essentielle au collectivisme, mais qui, trop déconsidérée à l'heure actuelle, les gêne et les compromet.

Georges Renard n'a pas essayé d'éluder la question de savoir si la rémunération s'appliquera à la quantité de travail ou à la valeur de l'objet produit :

« Ce qui est dû à chacun doit-il être proportionné à la peine qu'il se donne ? où à la valeur du travail qu'il produit? *L'un et l'autre sont difficiles à mesurer*, et il est possible qu'après examen, faute de pouvoir évaluer directement l'effort qui est, à proprement parler, ce qui mérite rétribution, on soit forcé de l'estimer par ses résultats visibles et palpables, c'est-à-dire *par l'œuvre accomplie.* Cette estimation qui est juste, au point de vue social, puisqu'elle se fonde sur l'apport réel fait à la société, *ne l'est pas tout à fait au point de vue individuel*, puisqu'elle renonce à faire entrer en ligne de compte le mérite intrinsèque de l'individu[3]. »

Donc, d'après Georges Renard, c'est le résultat,

---

1. *Le Capital*, trad. de Roy, p. 15, col. 1.
Un peu plus loin, Marx ajoute : « La quantité de valeur d'une marchandise varie donc en raison directe du quantum de travail. » *Id.*, col. 2.

2. V. plus haut, Ire partie, p. 55 et suiv.

3. *Le Régime socialiste* (*Revue socialiste*, octobre 1897, p. 404).

c'est l'œuvre produite qu'il faut considérer et apprécier. Mais Georges Renard reconnaît qu'une telle estimation peut constituer une injustice au préjudice de l'individu. En effet, en admettant que deux kilogs de truffes ont la valeur d'un hectolitre de blé, il faudra rémunérer également celui qui fournira deux kilogs de truffes et celui qui fournira un hectolitre de blé : cependant le second aura travaillé plus que le premier. En ce sens, la formule « A chacun selon ses œuvres » ne sera point réalisée ; le but poursuivi ne sera pas atteint.

Quant à rémunérer selon le quantum de travail fourni — comme le désirait Proudhon, et comme le demandait formellement Schäffle[1] — Georges Renard reconnaît que c'est chose impossible.

Comment, en effet, y pourrait-on parvenir ?

Voici — pour garder toujours le même exemple — un individu qui apporte au magasin national un hectolitre de blé. Pour évaluer le temps de travail que cet hectolitre de blé représente, il va falloir tenir compte d'une multitude d'éléments : non seulement du temps employé à préparer la terre, à la fumer, à l'ensemencer, à la herser et à battre les épis, mais encore du temps employé à soigner les bœufs qui ont aidé l'homme, du temps employé à confectionner ou à réparer les outils, les chars, les sacs, dans une certaine mesure aussi du temps employé à construire le grenier, et ainsi de suite...

---

1. « Le temps de travail servirait alors de mesure pour marquer la part individuelle de chaque producteur dans le travail commun, et en même temps de mesure dans la part des produits communs individuellement consommables. » SCHÆFFLE, *Quintessence du socialisme*, trad. de Malon, éd. de la bibl. pop., p. 36.

Combien pareille entreprise serait difficile et complexe, étant donné la diversité des forces humaines ou animales, les différences dans la qualité du terrain et de la semence ! L'homme le plus robuste, ou le plus habile, ou le mieux monté en bœufs et en outils, arrivera plus vite ; le terrain le meilleur produira davantage ; la qualité de la semence ne sera pas non plus sans influence sur le résultat.

Mais, objectent les partisans d'un tel système, il n'y aura pas lieu d'apprécier chaque fois et vis-à-vis de chaque individu, la somme de travail par lui fournie : on fera des moyennes, on appréciera, selon l'expression de Karl Marx, « le temps socialement nécessaire à la production » de chaque catégorie d'objet.

Soit. Mais on n'a pas encore trouvé la manière de déterminer des moyennes sérieuses sans connaître exactement les espèces particulières, dont les moyennes ne sont que la concentration ; et il sera tout aussi compliqué de dresser un tarif complet et minutieux du temps socialement nécessaire pour la confection de chaque catégorie d'objet que d'évaluer le quantum de travail fourni par chaque individu dans une espèce particulière.

Au reste, si on établissait des moyennes, qu'arriverait-il ? C'est que la formule « A chacun selon ses œuvres » cesserait d'être vraie, parce qu'il y aurait des gens rémunérés également pour des travaux d'inégale durée : Pierre ayant mis 30 heures à produire un hectolitre de blé, et Paul ayant mis 40 heures pour arriver au même résultat, recevraient tous les deux, en échange de leur travail, une rémunération équivalente.

Enfin, la question de savoir qui serait chargé de

procéder à toutes ses recherches se pose ici, comme elle se posait à propos de la formule « A chacun selon ses besoins ». Elle se pose et n'est point résolue.

## § 4. — Système de répartition combiné des deux précédents.

Aucune des deux formules précédentes ne pouvant être sérieusement soutenue, quelques socialistes ont imaginé de les accoupler ensemble, espérant que les défauts de l'une seraient corrigés par les défauts de l'autre.

C'est du moins la pensée de Georges Renard qui fait la déclaration suivante :

« Le principe qui me paraît tout dominer ici est celui-ci « A chacun selon son travail », corrigé et complété par celui-ci « A chacun selon ses besoins [1]. »

Nous ne tiendrons pas rigueur à Georges Renard d'avoir mis en avant un tel système, puisqu'il s'est empressé de faire observer lui-même que la formule qui en était l'expression présentait l'inconvénient de rester imprécise en théorie et d'être difficile à réaliser en fait.

« Cette double formule, ajoute-t-il, telle que je viens de l'expliquer, n'a pas sans doute une précision mathématique... [2] Je ne dis pas que cette formule soit aisée à réaliser ni même à interpréter [3]. »

On concevrait, en effet, bien difficilement, que le

1. *Le Régime socialiste* (*Revue socialiste*, octobre 1897, p. 404).
2. *Id.*, p. 405.
3. *Id.*, p. 404.

produit bâtard de deux systèmes vicieux puisse lui-même être sain.

## § 5. — Autres systèmes de répartition.

A côté des deux formules que nous venons d'étudier et qui se partagent à peu près les adhésions socialistes, on rencontre quelques opinions différentes, mais qui sont individuelles et semblent égarées.

C'est ainsi que Fourier soutenait que, dans la société future, la répartition des revenus sociaux serait faite par des collèges électoraux, chargés d'établir par la voie du scrutin le quantum à attribuer à chacun : organisation étrange et d'après laquelle les citoyens passeraient tout leur temps à voter et seraient à la merci les uns des autres.

C'est ainsi encore qu'un socialiste moderne, Henri Brissac, proposait dans la *Revue socialiste* le système suivant :

« Même rétribution sociale pour chacun, à la condition, bien entendu, qu'il exécute sa tâche [1]. »

Henri Brissac a oublié de nous dire qui serait chargé de contrôler le travail de chacun et de quelle manière on s'y prendrait pour éviter l'injustice et l'arbitraire. Au surplus, si la rétribution est la même pour tous, les citoyens ne seront-ils pas découragés du travail et ne chercheront-ils pas à en faire le moins possible ?

---

1. *Leurs arguments anticollectivistes* (*Revue socialiste*, avril 1896).

Ainsi, ce problème qui se pose, si important, si capital dans l'organisation collectiviste, et qui consiste à rechercher sur quelle base seront répartis les revenus de la collectivité, reste dans l'ombre, sans solution.

Les socialistes de bonne foi — il y en a — sont bien dans la nécessité d'en convenir. Ils s'en excusent comme ils peuvent.

« Ce n'est pas encore le moment, disent-ils, de construire cette théorie. Disons seulement que, pour éviter toute chance d'erreur due à la partialité des hommes, l'équivalence cherchée doit, pour ainsi dire, se déterminer d'elle-même ; j'entends qu'elle ne doit être en aucune façon le résultat d'une estimation arbitraire ; qu'elle doit, au contraire, se dégager par une *sorte de mécanisme automatique entre les choses qu'il s'agit d'évaluer* [1] ! »

En vérité, nous voilà bien renseignés ! Et en présence d'une telle obscurité, en présence de la désinvolture avec laquelle les socialistes se dérobent à nos légitimes curiosités, combien nous paraît méritée l'apostrophe que M. Deschanel leur adressait du haut de la tribune de la Chambre quand il leur disait :

« La raison suprême, entre toutes les raisons pour laquelle la France ne se donnera jamais à vous, c'est qu'elle est avant tout un pays de logique et de clarté ! »

---

1. GEORGES RENARD, *Le Régime socialiste* (*Revue socialiste*, octobre 1897, p. 418).

# CHAPITRE V

## CONSÉQUENCES DE L'ORGANISATION COLLECTIVISTE

### § I. — DIMINUTION DE LA PRODUCTION.

Le soin des socialistes à affirmer le contraire. — L'invention, la direction et l'exécution.

I. — L'application du collectivisme tuera l'invention. — Plus d'intérêt à faire des découvertes. — Pas de loisir. — Pas d'argent pour les expériences.

II. — Le collectivisme affaiblira le travail de direction — Plus d'intérêt.

III. — Il diminuera le travail d'exécution. — Moins d'individus occupés à produire. — Grand nombre de fonctionnaires pour les statistiques, pour la surveillance du travail. — Les commerçants ne changeront que de nom. — L'armée subsistera.

Ceux qui travailleront, travailleront moins bien. — Pas d'intérêt individuel. — Ce que les socialistes pensent de l'intérêt de la communauté. — L'enseignement de l'histoire. — Travail forcé moins productif. — On ne connaîtra pas son métier. — L'alternance des fonctions.

Objection tirée du développement du machinisme. — Mais pas de développement du machinisme, puisque pas d'invention possible.

IV. — L'aveu de Schäffle.

### § II. — DESPOTISME ET ANARCHIE.

I. — *Despotisme.* — L'individu n'aura aucune liberté. — La hiérarchie des fonctionnaires. — Fonctionnaires esclaves du gouvernement. — Inconvénients de l'élection des fonctionnaires par le peuple. — Gouvernement s'étendant à l'humanité tout entière.

II. — *Anarchie.* — Jamais un gouvernement n'aura demandé autant de qualités. — Où sont les génies? — Les socialistes d'aujourd'hui ne peuvent pas s'entendre. — Leurs congrès. — Le ministre Millerand. — La verrerie ouvrière d'Albi.

## § 1. — Diminution de la production.

Nous venons de nous demander de quelle manière pourraient bien être répartis entre les individus les revenus nationaux et, — pour le besoin de la discussion — nous avons raisonné dans l'hypothèse d'une production suffisante et normale.

Or, cette hypothèse est absolument gratuite en ce sens que l'organisation de la société collectiviste aurait pour conséquence infaillible d'amener un affaiblissement de production considérable.

Le soin des socialistes à nous rassurer à cet égard est bien fait pour nous donner des inquiétudes; la manière bruyante dont ils annoncent pour leur nouveau régime une production plus grande, trahit leurs propres préoccupations et contient presque l'aveu de leur impuissance.

« Nous affirmons, écrit Jaurès, que la propriété socialiste, en même temps qu'elle assurera une plus équitable répartition des produits, donnera à la production même et plus de régularité et plus d'élan [1]. »

A la Chambre des députés, il insiste sur la même idée :

---

1. *Organisation socialiste* (*Revue socialiste*, mai 1896).

« Le socialisme, s'écrie-t-il, contient une productivité agricole supérieure au régime d'aujourd'hui..... Nous maintenons que, dans la société qui se prépare, il y aura non seulement surcroît de justice, mais aussi surcroît de production [1]. »

Georges Renard déclare à son tour dans la *Revue socialiste* :

« Il est impossible de dire à quel point la richesse nationale pourra être accrue par le système socialiste, mais il est possible et facile de prouver qu'elle ne peut que grandir démesurément [2]. »

Nous pensons qu'il est encore plus facile de prouver le contraire, et nous allons l'essayer.

Tout travail économique se compose d'invention, de direction et d'exécution. Cela est vrai pour l'agriculture autant que pour l'industrie.

L'invention est nécessaire pour la production de la richesse, car la production n'est qu'une transformation de la matière et cette transformation ne saurait être indiquée sans le concours de la science.

La direction n'est pas moins indispensable. On ne peut guère concevoir un groupement d'ouvriers où chacun travaillerait à sa guise. De même qu'une société de musique a besoin d'un chef pour coordonner, réunir et harmoniser les efforts individuels de ses membres, une entreprise économique a besoin aussi d'un chef pour diriger et concentrer toutes les énergies vers un but commun [3].

1. Chambre des députés, séance du 3 juillet 1897 (*Officiel* du 4 juillet p. 1803).

2. *Le Régime socialiste* (*Revue socialiste*, décembre 1897, p. 663).

3. Karl Marx, Bebel et les socialistes au congrès de Gotha en 1875, et au congrès international de Paris en 1889, ont d'ailleurs reconnu la nécessité d'une direction à tout travail.

Quant à l'exécution elle-même, son rôle est trop essentiel pour qu'il soit utile d'insister.

I. — Le collectivisme tuera d'abord l'invention.

Qui, en effet, voudra passer son temps à rechercher des moyens nouveaux, ou plus simples, ou plus économiques, ou moins dangereux, de transformer la matière, s'il n'est assuré de bénéficier du résultat de ses investigations ? Sans doute, il y a, de par le monde, des êtres désintéressés, épris de dévouement, passionnés d'humanité, et la science, comme la charité, a ses Vincent de Paul ; il y a, aussi des êtres que l'amour de la gloire fascine et attire invinciblement. Ceux-là pourront faire le sacrifice de leur intérêt personnel. Mais sont-ils nombreux ?

Sans doute encore, le collectivisme pourra encourager les recherches savantes, les expériences difficiles, les découvertes utiles, au moyen de récompenses, récompenses qui, disons-le en passant, seront de nouvelles sources d'arbitraire et de complaisances injustes, de la part du gouvernement.

Malgré tout cela, l'esprit d'invention, si nécessaire au progrès, aura reçu une singulière atteinte. Pour agir utilement, il a besoin de liberté, et le collectivisme lui refusera la liberté ; il a besoin de loisir, et le collectivisme le privera de loisir.

Nous savons, en effet, que tout le monde sera affecté à une tâche déterminée par l'État. Le savant hanté par le pressentiment d'une découverte prochaine ne va-t-il pas être désorienté et découragé par l'obligation où il sera de s'employer tous les jours à une besogne manuelle qui retiendra son attention et la détournera des horizons cherchés ?

Est-ce qu'une semblable organisation ne le rebutera pas?

Même le temps matériel pour atteindre son but lui fera défaut. Il est bien rare que les découvertes jaillissent tout d'un coup et sans effort du cerveau des savants. Elles sont le plus souvent l'œuvre de longues méditations, de patientes recherches, d'incessantes expériences. Pour tout cela, encore une fois, il faut du loisir, beaucoup de loisir, et l'organisation collectiviste n'en permettra guère [1].

Il y a plus. Ces expériences, la plupart du temps indispensables pour atteindre la découverte définitive, sont ordinairement très compliquées et très coûteuses. L'individu, n'ayant à sa disposition que ce qui est nécessaire à sa consommation, verra encore son activité paralysée de ce côté.

II. — Le collectivisme tuera aussi la direction.

Non point en ce sens que les groupements de travailleurs seront dépourvus de chefs, « d'omniarques », comme disait Fourier [2], mais en ce sens que ces chefs, n'ayant aucun intérêt direct au travail de leurs subordonnés, s'en désintéresseront. Cela arrivera d'autant plus fatalement qu'ils auront été désignés ou bien par l'État, c'est-à-dire par un gouvernement ami, complaisant et disposé à l'indul-

---

1. Cabet, l'homme aux utopies, prétendait qu'il y aurait lieu de créer une sorte d'atelier central d'invention qu'il appelait « l'*exécutoire général* ». Les savants y seraient convoqués de temps en temps, pour élaborer ensemble des réformes, des découvertes sur la commande de l'État. Faut-il voir là autre chose qu'un système de collégien?

2. Bebel disait : « A la tête de chaque usine, profession ou corps de métier se trouve un modérateur élu par le suffrage de tous les compagnons et chargé de diriger les travaux. »

gence vis-à-vis de ses favoris, ou bien par les travailleurs eux-mêmes, c'est-à-dire par des électeurs qui ont besoin de ménagements et qu'il serait dangereux de stimuler trop vivement au travail.

III. — Enfin, le collectivisme diminuera dans de grandes proportions le travail d'exécution.

Pourquoi? D'abord, parce qu'il y aura moins d'individus employés à travailler que dans la société actuelle. Ensuite, parce que ceux qui travailleront fourniront moins en quantité et en qualité.

Au cours des chapitres précédents, nous avons eu l'occasion de montrer à quel développement excessif et monstrueux du fonctionnarisme aboutirait l'organisation socialiste.

En plus des fonctionnaires d'aujourd'hui occupés à la voirie, à la circulation, à la police, à la justice, à la levée des impôts, et que nous trouvons déjà trop nombreux, il faudra ajouter une nouvelle armée — innombrable, celle-là — de fonctionnaires chargés de dresser les statistiques nécessaires au fonctionnement de la société nouvelle. Ces statistiques étant très complexes ne manqueront pas d'occuper beaucoup de monde : statistiques pour déterminer les limites de la production; statistiques pour établir les capacités et les aptitudes des individus; statistiques indiquant la fonction à remplir par chacun et aussi la somme de travail que chacun doit employer à sa fonction; statistiques donnant le détail des objets produits par la société; statistiques fixant les besoins individuels, ou bien — si on admet une répartition des revenus proportionnée aux œuvres — rendant compte du travail fourni par chacun; statistiques donnant l'état des maladies, des infirmités des citoyens, désignant les enfants, les femmes, les vieillards, en un mot toutes les personnes incapables de travailler et que l'État devra nourrir. Nous pourrions poursuivre longtemps l'énumération. On voit déjà cependant quelle quantité de gens seront occupés à gratter du papier officiel, et l'on peut se demander avec anxiété si les ministères de l'État collectiviste trouveront assez de place dans Paris pour loger leurs volumineuses paperasses et leurs innombrables légions d'employés.

Mais il faudra bien d'autres fonctionnaires encore.

Il en faudra notamment pour contrôler le travail, pour s'assurer que chaque citoyen remplit la tâche à lui assignée et la remplit bien; pour veiller à ce que les uns ne fassent pas le travail des autres et ne reçoivent pas de rémunération autre que celle fournie par l'État. Tout cela ne sera pas chose simple, et, si l'on veut que la surveillance présente quelques garanties, il faudra multiplier le nombre des gardiens dans d'énormes proportions.

Nous ne parlons ici que des fonctionnaires absolument essentiels à la marche de la société collectiviste dans ses grandes lignes. Il faut remarquer, cependant, que nous ne connaissons pas le détail de ce fonctionnement, et que, si nous le connaissions, s'il nous était donné d'apercevoir d'avance tous les rouages du mécanisme collectiviste, nous découvririons certainement, entre tous ces rouages, de nouveaux nids à fonctionnaires.

Il est bien clair que tous ces fonctionnaires ne concourront pas directement à l'œuvre de la production; plus nombreux ils seront, et moins nombreux seront, d'autre part, les individus employés au travail d'exécution.

Les socialistes font observer en sens inverse que les commerçants, n'ayant plus de raison d'être, seront nécessairement employés à produire et que, de ce chef, le nombre des travailleurs sera grandement accru [1].

Sans doute, dans le régime collectiviste, les commerçants disparaîtront — et c'est peut-être là une des raisons de leur hostilité instinctive vis-à-vis du socialisme — mais il faut bien songer à une chose, c'est que leurs boutiques ne disparaîtront pas pour cela. Elles cesseront de leur appartenir, mais elles seront tenues par l'État.

Nous avons vu, en effet, que la rémunération du travail se ferait au moyen de bons d'échange. S'il y a des bons d'échange, il faudra bien qu'il y ait des lieux d'échange, c'est-à-dire des magasins nationaux où l'on pourra troquer son morceau de papier contre un objet de consommation. Or, qui tiendra ces magasins? Des employés. Au fond, il faudra autant d'individus pour s'occuper de l'échange dans la société collectiviste qu'il y en a aujourd'hui occupés à faire du commerce.

L'objection n'est donc pas sérieuse.

Mais, disent encore les socialistes, l'armée disparaîtra et voilà, du même coup, des centaines de mille hommes jeunes et vigoureux qui seront utilisés à produire.

En vérité, nous ne voyons pas comment la disparition de l'armée est intimement liée à la transformation sociale de la propriété. Le jour où, en France,

---

1. Georges Renard, *Le régime socialiste* (V. *Rev. e socialiste*, décembre 1897).

on substituerait la propriété collective à la propriété individuelle, s'ensuivrait-il que l'armée devrait être supprimée? Les raisons qui font que l'armée est toujours maintenue chez nous, en dépit des critiques dont elle est l'objet et malgré qu'on soit d'accord pour reconnaître qu'en théorie, au point de vue de la fraternité humaine, de la liberté individuelle et de l'économie budgétaire, il serait avantageux de la supprimer, sont des raisons d'ordre extérieur et de défense nationale. Ces raisons existeraient, au lendemain de la transformation collectiviste de la France, comme elles existent aujourd'hui [1].

L'armée disparaîtra seulement quand aura définitivement disparu le danger de la guerre, c'est-à-dire le jour où, la répercussion des phénomènes économiques se faisant sentir d'une façon sensible, profonde, continue, d'un bout du monde à l'autre, et la civilisation ayant multiplié les facilités de communication, les peuples se compénétreront davantage, prendront davantage contact les uns avec les autres et pourront transformer en réalité utile le rêve de l'arbitrage international.

Nous nous acheminons à grands pas vers cette étape ; mais, si quelque chose pouvait nous retarder

1. Georges Renard lui-même, dans l'article que nous avons déjà cité, reconnaît l'impossibilité de supprimer l'armée, en régime socialiste :

« La société, dit-il, a pour devoir de parer au péril. Elle a pour remplir ce devoir, le droit de requérir l'aide de tous ceux qui peuvent lui apporter un concours efficace. Exception faite pour les enfants, les vieillards, les infirmes, les femmes (et encore y a-t-il, en temps de guerre, certaines fonctions, telles que le soin des blessés, où peuvent se rendre utiles ceux ou celles qui ne combattent pas), tous les membres de la société ont à s'acquitter personnellement du service militaire. » (*Revue socialiste*, novembre 1897, p. 523.)

en chemin, ce serait précisément le socialisme, parce que, d'une part, il va prêchant partout la lutte des classes, la guerre entre les citoyens, et parce que, d'autre part, s'il triomphait en France, les autres nations éprouveraient de telles inquiétudes qu'elles sentiraient le besoin de multiplier leurs forces de résistance. Et qui sait s'il ne s'ensuivrait pas une conflagration générale?

Il reste donc entendu que, dans la société collectiviste, bien moins d'individus seront directement occupés à la production que dans la société actuelle.

Nous avons ajouté que ceux qui travailleront fourniront une besogne moindre et plus mauvaise.

Il en sera ainsi pour plusieurs raisons :

D'abord, parce que les individus ne seront pas directement intéressés à travailler.

Cela est évident, si les revenus nationaux sont répartis d'après la formule « A chacun selon ses besoins ». Mais, même en admettant qu'on puisse réaliser la formule « A chacun selon ses œuvres », l'intérêt individuel fera défaut.

D'une part, en effet, il y aura sur le produitdu travail des prélèvements tels qu'ils décourageront l'ouvrier[1].

D'autre part, s'il est vrai, comme le reconnaissent quelques socialistes, qu'on ne puisse rémunérer le travail qu'en le considérant dans sa quantité et non pas dans sa qualité, dans sa durée et non pas dans son résultat, quel intérêt poussera le travailleur à déployer son activité, son zèle et ses forces? Qu'est-ce qui l'encouragera à rendre plus productive son heure

1. Voir plus haut p. 207 et suiv.

de travail? De même que, dans la société actuelle, l'ouvrier à la journée fournit, dans le même espace de temps, une somme de travail moindre que l'ouvrier à la tâche, de même, dans la société collectiviste, l'ouvrier, recevant une rémunération proportionnée à ses heures de travail, cherchera à passer son temps le plus paresseusement possible : il n'aura même pas, pour le stimuler, la crainte que peut avoir aujourd'hui l'ouvrier à la journée d'être renvoyé, si on n'est pas content de lui.

Sans doute, font remarquer nos adversaires, l'intérêt individuel sera moindre, mais il arrivera que le sentiment de l'intérêt collectif suppléera à l'absence du premier.

« La production socialiste, expliquait Jaurès à la Chambre des députés, ne sera pas réglée par la loi du profit du capital privé; elle sera réglée uniquement par l'intérêt essentiel, par l'intérêt profond de la communauté nationale; et comme il n'y aura pas d'intérêt plus profond, d'intérêt plus essentiel que d'accroître la richesse du sol, seul le régime socialiste pourra restituer à la terre de France, dans la distribution de l'énergie nationale, la part qu'un capitalisme aveugle, égoïste et frivole lui a, jusqu'ici, refusée[1]. »

Ainsi donc, d'après Jaurès, le paysan que l'on voit aujourd'hui s'acharner sur sa terre avec une opiniâtreté que rien ne lasse pour tirer de cette terre un peu de richesse, le vigneron que l'on voit lutter désespérément contre les forces de la nature, au point de remonter sur son dos les débris de terre qui, sous l'action des pluies et des orages, ont roulé le long des coteaux jusqu'en bas; en un mot, tous ceux qui dé-

1. Chambre des députés, séance du 3 juillet 1897 (*Officiel* du 4, p. 1803).

pensent sans compter leurs efforts et souvent leur santé, dans l'espoir d'un profit plus grand, continueront demain à s'épuiser! et ils feront cela, non plus dans leur intérêt, mais dans l'intérêt de la collectivité!

En vérité, le croit-on?

Est-ce que le bon sens, est-ce que l'expérience des choses passées ne nous instruisent pas suffisamment à cet égard?

Il y a longtemps qu'Aristote disait : « On porte très peu de sollicitude aux propriétés communes, chacun songeant vivement à ses intérêts particuliers[1]. » Le mot est toujours vrai, et l'histoire, loin de le démentir, semble avoir pris soin de le confirmer.

Que sont devenus les essais de communisme tentés aux différentes époques de l'humanité? A part quelques exceptions tout à fait particulières en ce sens qu'elles s'expliquent par des considérations religieuses et non économiques[2], ils ont tous lamentablement échoué; ils ont abouti à la famine, faute d'une production suffisante.

Il y a quelque temps, au cours de la discussion soulevée par les socialistes sur la crise agricole, M. Deschanel rappelait à la Chambre l'histoire d'une expérience faite en Afrique par le maréchal Bugeaud, expérience qui avait démontré une fois de plus combien sont étroitement liés l'un à l'autre l'intérêt individuel et le problème de la production.

« En 1842, le maréchal Bugeaud, gouverneur général de l'Algérie, créa trois colonies militaires : l'une avec des soldats libérés, les deux autres avec des soldats de-

---

1. *Politique*, II.
2. V. plus haut p. 175 et suiv.

vant encore trois années de service. Ces colons furent soumis au travail en commun. Le produit du travail devait former un fonds commun destiné, au bout de trois ans, à faire les frais du mariage des colons et à fournir à tous uniformément le mobilier de la maison et de l'agriculture. Chaque colon reçut en outre une terre personnelle et eut la faculté d'y travailler un jour par semaine pour son compte. Au bout d'un an, la communauté était presque ruinée.

« Et pourquoi? » leur demanda le maréchal. — « C'est « que nous ne travaillons pas, » répondirent-ils. — Et « pourquoi ne travaillez-vous pas? » — « C'est parce que « nous comptons les uns sur les autres; que nous ne vou« lons pas en faire les uns plus que les autres, et qu'ainsi « nous nous mettons au niveau des paresseux. Croyez« vous, mon gouverneur, que si nous avions eu chacun « notre part de ce blé (il s'agissait de la récolte de blé « appartenant à la communauté que l'on n'avait pas « dépiquée et que les orages avaient pourrie), ce blé ne « serait pas dépiqué depuis longtemps? On ne croit pas « travailler pour soi quand on travaille en commun. Ce « sera bien pis quand nous serons mariés : ce sera un « enfer!... Nous avons plus produit dans le jour où « nous pouvions travailler pour nous-mêmes, que dans « les cinq jours de la communauté. »

Le fait vérifié par Bugeaud était vrai. Sur la prière instante des colons, il les désassocia, et le fonds commun fut distribué entre les individus. Aussitôt, on vit renaître l'émulation, et vers la fin de 1845, les cinq villages étaient les plus prospères du Sahel. Seulement, il y avait de grandes inégalités : certains colons avaient pour 5 ou 6.000 francs de bestiaux, les autres n'avaient même pas conservé ce qui leur était échu en partage, et n'avaient pas assez de récoltes pour vivre. Voilà la réalité en face de l'utopie[1]. »

Aux vaines déclarations de Jaurès sur le désintéressement des travailleurs, nous pouvons encore

1. Chambre des députés, 10 juillet 1897 (*Officiel* du 11, p. 1911).

opposer les déclarations brutales, mais au moins loyales de certains socialistes.

« Dévouement ! s'écriait Proudhon. Je nie le dévouement !...

Fraternité ! frère, tant qu'il vous plaira, pourvu que je sois le grand frère et vous le petit ! Pourvu que la société, notre mère commune, honore ma primogéniture et mes services, en doublant ma portion [1]. »

On connaît aussi le mot célèbre que Benoît Malon a tant reproché à Jules Guesde :

« S'il ne nous faut dans nos rangs que des désintéressements, il ne nous reste qu'à licencier *notre parti qui ne repose que sur des intérêts à satisfaire, qui se vante d'être le parti du ventre et ne fait appel qu'à l'intérêt des prolétaires* pour les jeter à l'assaut de la propriété bourgeoise [2]. »

Que si de semblables citations ne suffisaient pas

---

1. Un socialiste allemand, M. de Schweitzer, prononçait un jour la phrase suivante qui peut s'interpréter dans le même sens : « On nous reproche de crier : A bas le capital ! mais pas le moins du monde ! nous crions : A nous le capital ! » Ce qui faisait dire à un plaisant :

> Qu'est-ce donc qu'un socialiste ?
> Un singulier original
> Détestant le capitaliste,
> Mais chérissant le capital.

2. *Le Citoyen de Paris*, n° du 22 juillet 1881.

Dans sa préface des *Principes socialistes* (1896), Gabriel Deville reproche à Benoît Malon d'avoir fait grief à Jules Guesde de cette phrase. Il parle des prétentions de Malon à être chef d'école, et de son « socialisme bon tout au plus pour des francs-maçons et des spirites » (page xxv). Il ajoute : « Je ne sais rien de plus burlesque que les prétentions de Malon de compléter Marx. Le soi-disant complément apporté par lui à l'œuvre de Marx est aussi monstrueux que la ceinture herniaire dont les bandagistes ont l'odieuse manie d'affubler, sans l'ombre d'un motif, telle ou telle réduction d'un chef-d'œuvre de la statuaire antique. »

à remettre les choses au point et à dessiller les yeux des plus aveugles, nous citerions l'aveu non moins formel de Gabriel Deville :

« Ce ne sera probablement pas par plaisir qu'on travaillera, dit Deville, étant donné la manière d'être cependant aussi améliorée que possible du travail. On *aura pour guide unique l'intérêt*; l'intérêt qui est le point de départ réel de tous les actes de l'homme, qui régit tous les rapports de l'individu avec le milieu ambiant[1]. »

Si donc la société collectiviste est organisée de telle façon que l'intérêt individuel y soit supprimé ou amoindri, il ne faudra pas compter sur l'intérêt de la communauté pour stimuler les travailleurs à leur besogne. C'est bien là, selon l'expression de Schäffle, une considération décisive[2].

Pour une autre raison encore, le travail d'exécution perdra de sa vertu dans le régime collectiviste : c'est qu'il sera forcé et non libre.

Est-il besoin de revenir sur cette démonstration[3] ?

Le travail est essentiellement le produit direct de la volonté; du jour où il cesse d'être énergiquement voulu et consenti, il devient inerte, infécond.

L'exemple de l'esclavage est bien instructif à cet égard.

Malgré les coercitions de tous les instants, malgré le fouet, malgré les tortures, malgré la crainte de la

---

1. *Aperçu sur le socialisme scientifique*, p. 35.

2. « Le socialisme sera-t-il jamais en état de réaliser aussi sur son terrain, ou même à un plus haut degré, cette grande vérité psychologique et cette fécondité économique du principe individualiste, d'après lequel l'intérêt privé pousse à l'accomplissement des fonctions de la production sociale? *Nous considérons cette question comme décisive, quoique nullement décidée encore.* » — SCHÆFFLE, *La Quintessence du socialisme* (Trad. de B. Malon, édit. de la bibliot. populaire, p. 62).

3. Voir plus haut, p. 281 et suivantes.

mort, l'esclave ne fournissait qu'un travail insignifiant, et Rome se plaignait d'un défaut de production.

« La culture des champs, écrivait autrefois Pline, est chose détestable, comme tout ce qui se fait par des gens qui n'ont pas l'espoir d'améliorer leur sort. »

Franz de Champagny a spécialement étudié cette situation des temps anciens : « Le monde entier, dit-il, marchait par corvées. C'était un grand atelier, je dirai volontiers une grande chiourme où personne n'avait la liberté de son labeur, ni celle de son repos. La désertion triomphait de toutes les lois disciplinaires. La culture, les corporations industrielles, la curie, le Sénat manquaient de gens propres à faire le service. »

Le même tableau ne s'appliquerait-il pas, demain, à l'organisation collectiviste?

Ajoutez que dans cette organisation collectiviste, bien peu de gens connaîtront leur métier : d'abord parce qu'ils n'auront aucun goût pour l'apprendre, et ensuite parce que, de l'aveu de plusieurs socialistes, ils devront en changer de temps en temps.

Nous avons précédemment mentionné la théorie de Bebel sur l'*alternance* et celle de Jules Guesde sur le *roulement des fonctions*. Voici ce que déclare Georges Renard à ce sujet :

« L'éducation intégrale aura fait passer les jeunes gens par divers ateliers, leur aura tout au moins enseigné les rudiments de plusieurs métiers [1]. »

S'il en est ainsi, ils risqueront fort de ne savoir rien faire de bon : et voilà bien, fourni par nos ad-

---

1. *Le régime socialiste* (*Revue socialiste*, décembre 1897, p. 670).

versaires, un renseignement qui vient à l'appui de notre argumentation.

Mais les socialistes sont des hommes à précaution. Leur doctrine est à double fond, et ils trouvent le moyen d'en tirer encore une objection.

En supposant, disent-ils, que les travailleurs soient moins nombreux et moins laborieux sous le régime collectiviste, il ne faut pas en conclure que la production diminuera, parce que le développement démesuré du machinisme permettra à l'État de suppléer dans une large mesure à l'effort physique des individus [1].

Nous reconnaissons que l'objection serait sérieuse et mériterait d'être considérée, s'il était démontré que le machinisme pourrait, dans l'atmosphère socialiste, se développer à l'aise. Mais c'est plutôt l'hypothèse inverse qui est démontrée. Nous avons vu, en effet, que l'organisation collectiviste étoufferait l'esprit d'invention. Or, comment le machinisme pourrait-il prendre de l'extension, si l'esprit d'invention n'a pas son libre essor?

IV. — Au reste, veut-on savoir comment Schäffle envisageait cette inquiétante perspective de la diminution de la production?

Voici ce qu'il écrivait dans sa *Quintessence du socialisme* :

« Nous faisons observer que, dans sa formule actuelle, le socialisme doit encore nous indiquer comment il amènera, dans ses plus petites ramifications, une si

---

1. Voir, entre autres, Georges Renard, *Le régime socialiste*.

vaste organisation des capitaux et du travail à un échange harmonieux et fécond de rapports individuels.

D'un seul centre, on n'arrivera, ni par la pénalité, ni par appel au peuple et à ses devoirs, ni de toute autre manière, à obtenir que, dans le cercle d'une production unitaire, chacun produise le plus de richesse possible, avec le moins de frais possible, c'est-à-dire que l'on produise partout économiquement ; que personne ne gaspille ni le temps ni la matière première ou même n'emploie cette dernière sans ménagement aux dépens de la production d'ensemble ; que, dans chaque section productive, les moyens de production soient toujours renouvelés à temps et d'une manière féconde, tant au point de vue technique qu'au point de vue quantitatif ; que le travail dans ses qualifications diverses soit estimé à sa juste valeur ; que tous les employés de la production sociale, jusqu'aux « omniarques » de Fourier, n'exploitent pas davantage ; que la plus-value ne soit plus engloutie et qu'à l'encontre de ce qui se passe dans la société capitaliste actuelle, la spoliation ne soit plus pratiquée [1]. »

Forts de cet aveu, qui émane d'un des principaux fondateurs du collectivisme, nous maintenons nos conclusions et nous disons :

Le régime socialiste, aboutissant fatalement à une diminution de production, instituerait, non point, comme le prétendent nos adversaires, l'égalité dans la surabondance, mais l'égalité dans la misère.

## § 2. — Despotisme et anarchie.

Saint-Simon disait qu'un bon gouvernement doit éviter avec un soin égal le despotisme et l'anarchie. Il est, en effet, difficile de concilier parfaitement

1. *Quintessence du socialisme*, trad. de B. Malon, éd. de la bibl. populaire, p. 63.

l'ordre public avec la liberté individuelle, sans s'exposer à sacrifier dans une certaine mesure l'un à l'autre. On a vu des gouvernements tenir avant tout au maintien de l'ordre et fouler aux pieds les libertés les plus légitimes ; on en a vu aussi qui, sous prétexte de respecter ces libertés, toléraient le désordre et aboutissaient à la désorganisation.

Le gouvernement socialiste aura les deux défauts ; il nous donnera à la fois le despotisme et l'anarchie.

I. — L'individu n'aura ni la liberté de choisir la nature de son travail et d'en fixer la durée, ni la liberté d'épargner une partie du produit de son travail au lieu de le consommer. Il sera le dernier rouage d'un engrenage rigide, très compliqué, dont l'État sera l'unique moteur et dont les fonctionnaires serviront de pièces de transmission ; et selon qu'on aura besoin d'un fonctionnement plus ou moins actif, on donnera au rouage plus ou moins d'huile.

L'individu ne s'appartiendra ni dans ses mouvements ni dans sa volonté. Il sera quelque chose d'inerte. D'autres agiront pour lui, penseront pour lui et lui jetteront sa pâture quotidienne.

Herbert Spencer s'est appliqué, dans son livre *L'individu contre l'État*, à faire ressortir les conséquences d'une organisation selon la conception socialiste. Le chapitre de ce livre intitulé « L'esclavage futur » est spécialement destiné à montrer comment cette organisation aboutirait au plus épouvantable des despotismes :

« Jugez, dit Spencer, de ce que sera, dans de telles conditions, le despotisme d'un fonctionnarisme gradué et centralisé, tenant entre ses mains les ressources de la communauté et ayant derrière lui toutes les forces qu'il croira nécessaires pour faire exécuter ses décrets et maintenir ce qu'il appelle l'ordre. Il n'y a rien d'étonnant à ce que le prince de Bismarck montre des tendances vers le socialisme d'État.....

Le résultat final serait un retour du despotisme. Une armée disciplinée de fonctionnaires civils comme une armée de fonctionnaires militaires donne le pouvoir suprême à son chef, pouvoir qui a souvent conduit à l'usurpation, comme dans l'Europe du moyen-âge et encore davantage au Japon [1]. »

Ces fonctionnaires qui auront entre leurs mains la liberté et le bien-être des individus seront-ils eux-mêmes libres? Ne subiront-ils pas fatalement la direction du parti au pouvoir? Ne seront-ils pas les valets soumis du gouvernement?

Les socialistes ne manquent aucune occasion de se plaindre que les fonctionnaires d'aujourd'hui sont privés de liberté. L'un d'eux, Arcès-Sacré, dans une brochure que nous avons déjà eu l'occasion de mentionner, écrit :

« L'État est en possession de l'administration des postes et télégraphes ; il a le monopole des tabacs, celui des poudres et salpêtres, l'exploitation du vaste réseau des voies ferrées; l'administration de la guerre occupe aussi une foule de travailleurs. Peut-on dire que ces travailleurs aient beaucoup à se réjouir de la tutelle que l'État exerce sur eux? Leur servage n'est-il pas plus dur et plus impitoyable encore que celui des salariés soumis au

---

1. *L'individu contre l'État*, trad. de Gerschel, 1885, p. 59 et 62.

Malgré d'aussi nettes affirmations, il s'est trouvé des socialistes pour déclarer qu'Herbert Spencer était à moitié gagné à leur cause. Ce que sachant, Herbert Spencer écrivit en 1895 à M. Lucio Fiorentini une lettre dans laquelle il protesta vivement et déclara que « l'avènement du socialisme serait le plus grand désastre que le monde aurait connu et qu'il ne pourrait finir que dans un despotisme militaire ».

patronat? Leur liberté individuelle n'est-elle pas absolument sacrifiée[1]? »

Nous demanderons à l'auteur de ces lignes s'il espère que la tutelle exercée par l'État collectiviste sur ses fonctionnaires sera moins étroite et moins lourde.

On objectera peut-être que les fonctionnaires devront être élus par le peuple, et que, dès lors, l'État ne saurait avoir de prise sur eux?

Eh bien, s'il était vrai que tous les fonctionnaires, aussi bien les ingénieurs des ponts et chaussées que les agents de police, puissent être élus par le peuple, s'il était admissible que les citoyens, au lieu de travailler productivement, pourront passer leurs journées en assemblées électorales, que faudrait-il en conclure?

C'est que, de deux choses l'une : ou bien l'armée des fonctionnaires élus se sentirait assez puissante pour secouer le joug des électeurs, et alors, au lieu de subir le despotisme du gouvernement, les citoyens auraient à subir le despotisme d'une oligarchie complexe et redoutable; ou bien, au contraire, les élus seraient les hommes-liges de leurs électeurs, et alors, accordant aux uns toutes leurs faveurs et réservant pour les autres toutes les rigueurs, ils trouveraient ainsi le moyen d'accoupler, dans leur administration, l'anarchie avec le despotisme.

D'une manière ou de l'autre, le despotisme est inévitable. Si vous évitez Charybde, vous tombez en Scylla.

A vrai dire, il nous importe peu de savoir si ce despotisme viendra d'en haut ou d'en bas et s'il sera

1. *Lois socialistes de la propriété*, p. 53.

l'œuvre de quelques ministres seulement, ou l'œuvre d'une multitude de fonctionnaires. Il nous suffit de savoir qu'il viendra. Il nous suffit de savoir qu'il y aura toujours une minorité à la merci d'une majorité qui pourra, s'il lui plaît, l'accabler de besogne et la laisser mourir de faim. Il nous suffit de savoir que le parti au pouvoir aura les moyens de garder tout pour lui et de sacrifier le parti vaincu [1].

Et combien plus effrayant apparaîtra ce despotisme, si l'on songe que, le rêve des socialistes étant de supprimer les frontières, il faut prévoir l'existence d'une organisation unique et par conséquent d'un pouvoir unique s'exerçant sur l'humanité tout entière!

II. — Quant à l'anarchie, n'est-elle pas, elle aussi, inévitable dans la société collectiviste?

Depuis que l'humanité existe, les différents gouvernements qui se sont succédé dans les divers pays du monde ont tous été imparfaits : tous ont donné lieu à des critiques justifiées, parce que tous ont commis des fautes.

Et depuis que l'humanité existe, jamais un gouvernement n'a eu à tenir un rôle aussi étendu, aussi omnipotent, aussi complexe que celui qui serait dévolu au gouvernement collectiviste.

Le gouvernement collectiviste aura, entre autres charges, celle de déterminer les limites de la production, celle d'organiser le travail, celle d'assigner à chacun une tâche et d'en surveiller l'exécution,

1. Yves Guyot définit la société collectiviste : « Un état de société où nul ne travaillera que sur la réquisition de ses ennemis, et où nul ne recevra que par la faveur des gouvernements ». *La Comédie socialiste*, p. 28.

celle surtout, effrayamment lourde et complexe, de répartir les revenus entre les individus.

« Je pense, dit Yves Guyot, que vous êtes prêts à croire à l'infaillibilité du pape, car vous gratifiez du même nom tous les hommes qui auront le pouvoir demain, dans la société socialiste qui fera place à la société capitaliste. Vous vous en remettez à eux pour tout faire. Les occupations réparties entre tous, vous les leur attribuez. Ils cultiveront, ils fabriqueront, ils distribueront, au prorata des besoins de chacun qu'ils doseront selon leur sagesse, les produits qu'ils auront obtenus. Ils n'auront pas, comme le pape, à juger des points de dogme et à déterminer les conditions de la vie surnaturelle : chaque jour, ils devront régler les conditions de la vie pratique, en substituant leur sagesse gouvernementale, leur prévoyance sociale à l'imprévoyance et à la folie individuelle [1]. »

Un gouvernement aussi difficile et aussi complexe ne pourra être confié qu'à des hommes doués d'une façon tout à fait supérieure, tout à fait extraordinaire, et joignant — selon une autre expression d'Yves Guyot — « la vertu de Marc-Aurèle à l'esprit d'ordre de Colbert et à l'initiative de Napoléon ».

Encore est-il bon de remarquer que jamais Marc-Aurèle ne fut exposé aux tentations qui solliciteront d'autant plus la conscience des socialistes au pouvoir qu'ils seront les maîtres absolus de la vie économique du pays ; que jamais Colbert ne se trouva en face d'un désordre comparable de près ou de loin à celui qui ne manquerait pas de caractériser la société future ; que jamais enfin Napoléon n'eut à

1. *Les Principes de 89 et le Socialisme*, p. 152.

porter à la fois son attention sur un aussi grand nombre de points qu'auront à le faire ceux qui seront chargés de veiller au fonctionnement de la société collectiviste.

Et puis, où sont, parmi les représentants actuels du parti socialiste, les Marc-Aurèle, les Colbert et les Napoléon? A part quelques-uns qui émergent au-dessus du niveau, que d'ignorants et que d'inconscients!

Ces représentants réuniraient-ils toutes les vertus et toutes les qualités nécessaires pour diriger le pays, ils seraient encore dans la nécessité d'accorder et d'unifier leurs volontés. A cette seule condition, ils parviendraient à éviter l'anarchie.

Eh bien, pouvons-nous espérer des socialistes cette union? Est-ce que nous n'assistons pas tous les jours à leurs divisions, à leurs querelles, à leurs dissentiments?

D'accord sur le principe de l'expropriation des moyens de production, ils ne peuvent s'entendre sur la tactique à suivre, et ce sont des scissions violentes et qui seraient définitives, si l'instinct révolutionnaire ne réunissait de temps en temps tous les adeptes, en vue de l'assaut à donner au capital [1].

Ils s'organisent en congrès et finissent par se battre. Nous pourrions citer beaucoup d'exemples. En voici quelques-uns, parmi les plus récents.

---

1. Dans un discours prononcé par Millerand devant ses électeurs, le 12 janvier 1898, et reproduit par la *Revue socialiste*, nº du 15 janvier 1898, page 76, nous lisons :

« Certainement, dans les différentes circonscriptions, il y aura dans les programmes des candidats socialistes des différences de théorie, parce qu'il y a dans le parti socialiste plusieurs écoles. On trouvera aussi des différences dans la partie pratique des programmes, parce que, selon les régions, les questions varient sur lesquelles les candidats sont naturellement amenés à insiste

Au Congrès de Berlin, en 1894, la division fut telle que les délégués anglais se retirèrent et que les délégués des autres pays s'en allèrent siéger chacun de leur côté.

Au Congrès de Nantes, en 1895, la lutte s'engagea, ou plutôt s'accentua entre allemanistes et guesdistes, à de propos la question de la grève générale voulue par les premiers et repoussée pas les seconds. Après un véritable déchaînement d'arguments et d'insultes, la victoire resta aux allemanistes qui expulsèrent leurs adversaires et ne leur ménagèrent pas les sarcasmes[1].

Quant au fameux Congrès tenu à Londres en 1896 et qui devait avoir, assurait-on, une grande influence sur les destinées du parti socialiste, on sait de quels lamentables épisodes il a été traversé. La question de l'admission des anarchistes mit le feu aux poudres. Jaurès essaya en vain de noyer l'incendie sous des flots de paroles : il fut conspué. Aussi, le résultat

---

davantage. Mais ces programmes comprendront des parties communes. Il y aura d'abord en tête de chacun d'eux ce programme minimum qui se résume, on le sait, en trois points : entente internationale des travailleurs, substitution progressive de la propriété sociale à la propriété capitaliste, conquête des pouvoirs publics, et, en outre, toute une série de réformes qui doivent forcément avoir notre adhésion à tous, pour cette simple raison que nous sommes des républicains et des socialistes. »

1. Tiré d'un *Manifeste* rédigé par les allemanistes, Avez, Dejeante, Faberot, Groussier, Toussaint, à l'adresse des autres socialistes, et notamment de Millerand, Jaurès, Viviani et Mirman.

« Notre parti ne veut pas marcher d'accord avec la prétendue Union socialiste composée en partie de membres qui ont été des apostillés du fusilleur Boulanger et d'autres que l'on peut rencontrer allant encore se confesser à l'église. Il veut qu'à ses appels à l'agitation populaire, il trouve des mandataires prêts à marcher avec lui, comme d'ailleurs n'ont pas su le faire, ni au 1er mai ni à la Toussaint, les hommes de l'Union socialiste. Vive la Révolution ! Vive la grève générale ! A bas les protestataires d'aujourd'hui, *les ministrables, les ministériels de demain !* »

fut-il bien différent de ce qu'on avait espéré. Le chef des socialistes anglais, John Burns, fit, dans un discours prononcé à Battersea, le 2 août 1896, l'aveu suivant :

« Il faut convenir que le Congrès n'a fait que causer du tort au socialisme... Je déplore l'*intolérance et la tyrannie qui caractérisent la phase actuelle du socialisme.* Il est curieux de voir des gens qui prêchent la paix universelle, la fraternité et la solidarité, se disputer plutôt comme des animaux que comme des hommes[1].

Les socialistes anglais ont reçu un coup dont ils ne se relèveront pas pendant des années, et cela pour avoir permis que leurs vues fussent représentées par une *collection de sots et de fanatiques* dont le nombre et l'influence ont été fort exagérés et dont les *manœuvres théâtrales* n'ont trompé personne.

Il nous faut montrer à ces gens-là que le vent et l'eau ne sont pas de l'ouvrage ; ce n'est pas sur des déclamations bruyantes que la science politique peut construire de solides institutions[2]. »

Plus récemment, l'avènement au pouvoir de l'un de leurs principaux chefs, Millerand, en compagnie et sous la tutelle de Waldeck-Rousseau, leur adversaire bien connu, a provoqué chez les socialistes une nouvelle scission.

Tandis que Viviani et Jaurès, les opportunistes du socialisme, s'employaient à défendre l'organisateur du banquet de Saint-Mandé, d'autres moins nouveaux venus et plus intransigeants, comme Jules Guesde et Vaillant, attaquèrent vivement le nouveau ministre, lui reprochant sa compromission avec le parti capitaliste et l'accusant tout haut de trahison.

---

1. Par une coïncidence qui ne manque pas d'une certaine ironie, le Congrès de Londres s'était ouvert par une manifestation en l'honneur de la paix.

2. Cité par Yves Guyot dans la *Comédie socialiste*, p. 413.

Le grand Congrès socialiste, organisé au commencement du mois de décembre 1899, a été particulièrement orageux. Millerand et ses partisans ont été violemment pris à partie et indirectement flétris par 818 voix contre 634, dans un ordre du jour, aux termes duquel « la lutte de classe interdit l'entrée d'un socialiste au ministère ».

Il suffit de se reporter aux journaux du moment, pour avoir une idée du désaccord survenu entre les têtes du parti et un échantillon des aménités qu'il leur arrive souvent d'échanger entre eux.

Dira-t-on que tous ces dissentiments et toutes ces querelles disparaîtraient comme par enchantement le jour où les socialistes seraient parvenus à supprimer la propriété privée et à organiser eux-mêmes la production?

Mais nous avons sous les yeux un exemple frappant de leur impuissance à rien organiser de solide.

La verrerie ouvrière d'Albi, fondée après la grève de Carmaux, dans le but, disait-on, de donner du travail aux ouvriers renvoyés par Rességuier, mais plutôt, semble-t-il, pour créer un nouveau foyer révolutionnaire, nous a donné un avant-goût de ce que pourrait être demain l'administration socialiste.

Lorsqu'il s'est agi de faire un règlement, les dissensions ont commencé, et comme quatre ouvriers protestaient contre le règlement vraiment draconien adopté par la majorité, ils furent condamnés à une mise à pied de huit jours, et puis renvoyés. D'après *le Matin*, il ne fallait voir là qu'un épisode nouveau de la lutte entre guesdistes et allemanistes.

Un membre du conseil d'administration, M. Granger, qui n'avait pas l'échine assez souple devant les gros bonnets du parti, s'est vu, sans motif plausible, signifier son congé. La lettre qu'écrivit alors M. Granger, pour protester contre la tyrannie du conseil d'administration, est très instructive et nous montre « de quelle façon cavalière sont traités par un petit comité de politiciens tous ceux qui ne font pas partie de la secte[1] ».

En attendant, malgré le rappel battu de tous les côtés en sa faveur par les socialistes des diverses écoles, la verrerie d'Albi, loin de connaître la prospérité, laisse entrevoir une déroute prochaine, et il est bien à craindre que, faute d'entente, de discipline et d'harmonie dans l'administration, elle ne subisse le malheureux sort de la verrerie coopérative de Rive-de-Gier[2].

---

1. La lettre est datée du 17 janvier 1897. On en trouvera des fragments dans l'*Autorité* du 30 janvier 1897.

2. M. de Seilhac, dans un livre intitulé : *La grève de Carmaux et la Verrerie d'Albi*, livre plutôt favorable aux grévistes et à leur entreprise qu'aux patrons de la Verrerie de Carmaux, déclare qu'il ne croit pas au succès de la Verrerie d'Albi :

« La verrerie d'Albi, dit-il, peut-elle réussir? De l'aveu de beaucoup, administrateurs et verriers de Carmaux, membres influents de la Fédération du verre, verriers de la Loire et de Lyon, révolutionnaires et modérés, la verrerie, telle qu'elle est constituée, a de médiocres chances de succès. Je soupçonne même des membres du Comité d'organisation de professer à son endroit le plus doux scepticisme, et j'en sais qui ne seraient pas autrement fâchés d'un échec qui prouverait mieux que les plus beaux discours l'inanité des efforts du prolétariat sous le régime capitaliste.

« Comprenez-vous, Monsieur, le beau résultat, me disait un révolutionnaire, ennemi des demi-mesures. Rességuier a volé « leurs salaires à ses ouvriers, pendant je ne sais combien « d'années, et afin de se venger de lui, on fait des souscrip- « tions pour bâtir une autre usine. C'est absolument la même « chose que si l'on m'avait volé ma montre dans la rue et si « j'allais emprunter cinquante francs à des camarades pour ra- « cheter une nouvelle montre, en me disant : Comme mon voleur « va être attrapé ! »

Étranges hommes, en vérité, qui ne parviennent point à faire marcher une verrerie et qui prétendent diriger les lois de la production et de la consommation de tout un pays, ou même, de l'humanité tout entière !

Encore une fois, n'avons-nous pas toutes les présomptions de notre côté, quand nous affirmons que le gouvernement collectiviste aboutirait non seulement au despotisme, mais encore à l'anarchie et à la ruine ?

# CONCLUSION

L'étude qui précède est très incomplète.

A dessein d'ailleurs, nous l'avons réduite, négligeant certains points de vue qui, sans manquer d'intérêt, ne rentraient pas dans le cadre que nous nous sommes imposé.

Telle quelle, nous espérons qu'elle aura pu éclairer quelques lecteurs de bonne foi.

Ils y auront vu d'abord que le socialisme ou collectivisme n'est pas seulement l'expression d'appétits démesurés, mais qu'il est une vraie doctrine, un système reposant sur des pieds, ne résistant sans doute ni à un examen scientifique, ni à la simple critique du bon sens, méritant quand même d'être pris au sérieux et d'être discuté ; et ensuite que cette doctrine est, de tous points, détestable.

On dit quelquefois de certaines réformes préconisées : ce sont de beaux rêves.

L'utopie socialiste est un très mauvais rêve. Et s'il était possible d'en prévoir la réalisation, trois mots surtout pourraient caractériser le nouvel état de choses qui en résulterait et servir de devise au gouvernement collectiviste : *injustice, tyrannie, famine.*

Ce que pourrait devenir, en effet, la notion de justique dans une organisation sociale édifiée sur une spoliation violente et illégitime, nous l'avons dit. Ce serait, à l'origine du régime socialiste, le vol érigé à la hauteur d'une institution sociale; et ce serait, pendant toute la durée de ce régime, le règne absolu de l'arbitraire et du favoritisme.

La tyrannie serait si effroyable dans l'État collectiviste, qu'aucun des gouvernements despotiques qui remplissent l'histoire du souvenir de leurs iniquités ne peut nous en donner une idée.

Nous avons démontré que la liberté du travail, sous ses différentes formes, y serait radicalement supprimée. La liberté de la presse, la liberté de la parole, la liberté religieuse, même la liberté de la résidence, disparaîtraient fatalement aussi dans cette société étrange où chaque individu, pour vivre, serait tenu de prendre la becquée des mains de quelques despotes au pouvoir.

Les socialistes comprennent bien que là est l'objection fondamentale à l'application de leur système, et, sans chercher à l'écarter — ce qui n'est pas possible — ils affectent de n'en être point touchés.

Qu'importe, disent-ils, le sacrifice de la liberté, si, en échange de cette liberté qu'on lui prendra et dont d'ailleurs il n'a le plus souvent aujourd'hui que les apparences, le peuple reçoit de l'État collectiviste le bien-être et le bonheur!

A aucun point de vue, cet audacieux raisonnement n'est fait pour nous séduire.

Nous pensons que la liberté n'est pas une chimère, mais un bien en soi, quelque chose de nécessaire aux individus et d'indispensable aux sociétés politiques, et dans un siècle où il semble que toutes les idées, tous les principes, toutes les croyances, aient successivement fait naufrage, nous avons encore foi en elle.

Nous pensons que ce patrimoine est précieux et vaut la peine d'être jalousement défendu qui a coûté à nos pères tant d'efforts, tant de révolutions, tant d'héroïsmes, tant de vies sacrifiées.

Nous pensons que le loup de la fable était sage de préférer son indépendance à l'opulence asservie du chien gras, et que nous devons repousser le régime socialiste avec d'autant plus d'énergie que l'esclavage qu'il nous offre n'a pas même, pour se faire accepter, l'excuse de l'opulence.

Nous pensons qu'il serait insensé et profondément coupable de consentir, sous le prétexte de compensations imaginaires et qui ne viendront jamais, à l'immolation de la liberté sur l'autel d'une fausse démocratie.

A ceux qui estiment que la liberté ne doit être envisagée que comme un moyen d'arriver au bonheur social et que, par conséquent, le jour où, sans elle, on trouvera la possibilité d'atteindre ce bonheur social, il sera permis de la sacrifier sans hésitation ni regret, nous dirons que l'hypothèse socialiste nous prend la liberté sans nous rien donner en échange, que la perspective d'une famine universelle.

Nous avons indiqué que, dans l'État collectiviste, le travail d'invention serait rendu impossible; que le travail de direction présenterait d'énormes difficultés et perdrait tout le prestige dont il a besoin; que le travail d'exécution enfin deviendrait fatalement inerte et improductif. D'où, très logiquement, nous avons pu conclure que la société collectiviste serait une société d'esclaves mourant de faim.

De sorte que, sous quelque face qu'on l'examine, le sophisme par lequel nos adversaires prétendent excuser l'étouffement de la liberté apparaît comme faux et inacceptable.

Voilà pourquoi, sans doute, de plus en plus, il semble que le socialisme perd du terrain dans le monde intellectuel, et que tous ceux qui ont l'instruction et le loisir nécessaires pour l'étudier s'en détachent immédiatement.

Mais il y a le prolétariat, le prolétariat qui travaille et qui souffre, le prolétariat pour lequel — on l'a dit — le socialisme n'est qu'une religion meilleure et plus croyable parce qu'elle met un paradis à sa portée, le prolétariat qui aurait certes l'intelligence et le bon sens suffisants pour comprendre l'inanité des théories dont on lui présente seulement le mirage, mais qui n'a pas le loisir nécessaire pour réfléchir à ces théories et les juger.

Et c'est là, dans ce terrain ainsi préparé d'avance pour la moisson révolutionnaire, que le socialisme jette sa semence et se développe.

Le meilleur moyen de l'arrêter dans sa marche, n'est-ce donc point de le divulguer, de le faire connaître à ces malheureux qui se livrent à lui de confiance et les yeux fermés?

Sans doute, l'action des honnêtes gens ne doit pas se borner à une critique théorique du système socialiste. Il faut soulager les misères, qui sont réelles et souvent profondes. Il faut empêcher les iniquités de se produire et réparer celles qui existent déjà. Il faut enfin prêcher la patience et une certaine résignation, car, quoi qu'on fasse, la patience et la résignation devront toujours compter parmi les facteurs de la paix.

Mais nous n'avons pas prétendu donner un traité complet de devoir social.

Considérant seulement que parmi les misères dont souffre le travailleur, l'ignorance est une de celles qui lui font le plus de mal, nous avons essayé de dissiper quelque peu cette ignorance, de montrer que le remède n'est pas où le placent de dangereux sophistes, que l'iniquité ne serait pas éliminée par la destruction d'une organisation dans laquelle elle existe à l'état d'abus et l'inauguration d'un régime dont elle serait la loi, que la patience et la résignation seraient bien plus nécessaires dans ce régime dont on aurait cependant banni toutes les raisons de patienter et de se résigner.

Et nous croyons pouvoir dire en terminant : Oui, le socialisme compte parmi l'un des plus dangereux ennemis de la société à l'heure présente ; mais il n'est redoutable que parce qu'il se cache, il n'est séduisant que parce qu'il se pare d'un masque dérisoire de philanthropie et d'humanité.

Qu'on l'oblige à se montrer en pleine lumière ! qu'on lui arrache son masque !

Le jour où, dépouillé des oripeaux humanitaires qui lui servent de vêtement, il apparaîtra au peuple dans toute sa nudité difforme, il aura cessé d'être un péril, et nous n'aurons plus à nous inquiéter de ses progrès dans les masses ouvrières.

BIBLIOTHÈQUE NATIONALE R.F.

# TABLE DES MATIÈRES

# DEUXIÈME PARTIE

## Transformation de la propriété individuelle en propriété sociale

---

## TROISIÈME PARTIE

## Organisation de la société collectiviste

# LISTE ALPHABÉTIQUE

## DES PRINCIPAUX NOMS CITÉS DANS LE VOLUME

E



F



G



H



J



K



L



M

R.F.

PARIS. — IMPRIMERIE F. LEVÉ, RUE CASSETTE, 17.

# A LA MÊME LIBRAIRIE

**Discours du comte Albert de Mun,** de l'Académie française, député du Morbihan, accompagnés de notices par Ch. GEOFFROY DE GRANDMAISON.

QUESTIONS SOCIALES. 3e édition. In-18 jésus.......... .... 4 fr.
DISCOURS POLITIQUES. 2 vol. in-8°........ ............ 15 fr.
— — 2 vol. in-18 jésus.......... ..... 8 fr.
DISCOURS ET ÉCRITS DIVERS (1888-1891). 2 vol. in-8°... . 15 fr.
— — — 2 vol. in-18 jésus. 8 fr.

**Doute et ses Victimes** (Le) dans le siècle présent : Théodore Jouffroy. — Maine de Biran. — Santa-Rosa — Georges Farcy. — Victor Cousin. — Edmond Scherer. — Lord Byron. — Frédéric Schiller. — Léopardi. — Les poètes du doute en France, par Mgr BAUNARD. 9e édition augmentée. In-18 jésus.. 3 fr. 75

**Foi et ses victoires** (La). Conférences sur les plus illustres convertis de ce siècle, par Mgr BAUNARD.

Tome II. Quatre maîtres de la science sociale : Joseph Droz. — Frédéric Bastiat. — Alexis de Tocqueville. — Frédéric Le Play. In-8°.................................. 6 fr.

LE MÊME OUVRAGE. Tome I. Le comte Schouvaloff. — Donoso Cortès. — Le général de Lamoricière. 6e édition. In-18 jésus.......................................... 3 fr. 75

Tome II. — Trois maîtres de la science : Frédéric Bastiat. — Alexis de Tocqueville. — Frédéric Le Play. 5e édition revue. In-18 jésus................................ 3 fr. 75

**La Vie meilleure,** par M. l'abbé P. VIGNOT. 2e édition. In-18 jésus.......................................... 3 fr. 50

**La Vie pour les autres,** par M. l'abbé P. VIGNOT. 4e édition. In-18 jésus.......... ..................... 3 fr. 50

**Christianisme (Le) et les temps présents,** par Mgr BOUGAUD, évêque de Laval. 5 vol. in-8° ........... ........ .. 37 fr. 50
LE MÊME OUVRAGE. 5 volumes in-18 jésus............ 20 fr. »

**Apologie scientifique de la foi chrétienne,** par Mgr DUILHÉ DE SAINT-PROJET, recteur de l'Institut catholique de Toulouse. Nouvelle édition publiée par l'Institut catholique de Toulouse (19e mille). In-12 avec portrait................... . 3 fr. 50

**Alcoolisme et décadence,** par M. l'abbé Camille RACT, licencié en théologie, vicaire à Saint-Lambert de Vaugirard, avec préface de M. l'abbé LEMIRE. In-8° avec 24 gravures..... 3 fr. 50

**Espérance.** Un réveil de l'idée religieuse en France, par Mgr BAUNARD. 2 édition revue et augmentée. In-18 jésus... 2 fr. 50

**Taine** (H.), par M. Amédée DE MARGERIE, doyen de la Faculté catholique des lettres de Lille, ancien professeur de philosophie à la faculté des lettres de Nancy. 2e édition. Fort volume in-8° écu ... ........................................ 5 fr.

Paris. — Imp. F. Levé, rue Cassette, 17.

www.ingramcontent.com/pod-product-compliance
Ingram Content Group UK Ltd.
Pitfield, Milton Keynes, MK11 3LW, UK
UKHW021855190726
13855UKWH00001B/334